I. DE RÉCALDE

UNE VICTIME DES JÉSUITES

Saint Joseph Calasanz

LE P. PIETRASANTA, S. J.
CONTRE LES ÉCOLES PIES

d'après le Chanoine TIMON-DAVID

PARIS

LIBRAIRIE MODERNE

2, Rue de l'Échaudé-Saint-Germain, 2

1922

A LA MÊME LIBRAIRIE

Le Message du Sacré-Cœur à la France et le P. de La Chaise. Etude historique et critique, par I. DE RÉCALDE. — Prix....................... 2 fr.

Le Bref « Dominus ac Redemptor ». Texte latin et traduction française, avec une Introduction et des Notes, par I. DE RÉCALDE. — Prix.......... 3 fr.

Ecrits des Curés de Paris contre la Politique et la Morale des Jésuites (1658-1659), avec une Etude sur la Querelle du Laxisme, par I. DE RÉCALDE. — Prix..................................... 7 fr.

Lettres sur le Confessorat du P. Le Tellier, par l'abbé de Marçon, avec une Introduction et des Notes sur la Politique des Jésuites et l'Oratoire, par I. DE RÉCALDE. — Prix...................... 5 fr.

Histoire intérieure de la Compagnie de Jésus, d'après les documents, adaptée par I. DE RÉCALDE, du récent ouvrage espagnol de Don Miguel Mir. — Prix..................................... 12 fr.

Imp. Bourse de Commerce, 85, rue J.-J.-Rousseau (G. BUREAU), Paris

Saint Joseph Calasanz

A LA MÊME LIBRAIRIE

Le Message du Sacré-Cœur à la France et le P. de La Chaise. Etude historique et critique, par I. DE RÉCALDE. — Prix.................... **2 fr.**

Le Bref «Dominus ac Redemptor». Texte latin et traduction française, avec une Introduction et des Notes, par I. DE RÉCALDE. — Prix.......... **3 fr.**

Ecrits des Curés de Paris contre la Politique et la Morale des Jésuites (1658-1659), avec une Etude sur la Querelle du Laxisme, par I. DE RÉCALDE. — Prix.................................... **7 fr.**

Lettres sur le Confessorat du P. Le Tellier, par l'abbé de Margon, avec une Introduction et des Notes sur la Politique des Jésuites et l'Oratoire, par I. DE RÉCALDE. — Prix.................... **5 fr.**

Histoire intérieure de la Compagnie de Jésus, d'après les documents, adaptée par I. DE RÉCALDE, du récent ouvrage espagnol de Don Miguel Mir. — Prix.................................... **12 fr.**

I. DE RÉCALDE

UNE VICTIME DES JÉSUITES

Saint Joseph Calasanz

LE P. PIETRASANTA, S. J.
CONTRE LES ÉCOLES PIES

d'après le Chanoine TIMON-DAVID

PARIS

LIBRAIRIE MODERNE
2, Rue de l'Echaudé-Saint-Germain, 2

1922

AU

R. P. ENRICO ROSA, S. J.

DIRECTEUR

DE LA CIVILTÀ CATTOLICA

Mon Révérend Père,

Nous avions entrepris de mettre au point le premier volume de l'Histoire intérieure de la Compagnie de Jésus, d'après votre ancien confrère, Don Miguel Mir, de l'Académie royale espagnole. Ouvrage austère, enrichi de documents de premier ordre, qui jette sur vos origines une lueur impartiale. Travail d'érudition et de critique; modèle de controverse appliquée et grave, auquel les Vôtres ne semblent guère avoir opposé jusqu'ici que des plagiats ou des injures.

Et voici qu'au plus fort de ce travail, nous parvient votre étonnant article de la Civiltà cattolica, en date du 4 mars 1922 : chef-d'œuvre d'un autre genre et d'un autre esprit, qui laisse bien loin derrière lui les quelques « réponses péremptoires » que nous ont déjà faites certains de vos confrères et dont nous nous proposions d'offrir un jour le régal à nos lecteurs.

*Malgré le souci de votre « dignité religieuse »,
nonobstant l'ancien renom de modération et de
tenue de l'illustre publication que vous dirigez,
en dépit de la « sérénité » et même de l'allégresse
que vous vous faites gloire d'opposer à toutes les
contradictions, Votre Révérence condescend à
stigmatiser longuement, dans ces pages, « l'abjecte
campagne » par laquelle nous avons entrepris,
paraît-il, de « divertir ignoblement les âmes vulgaires qui se plaisent à la médisance ». Et, sur le
même ton, durant vingt pages, en un italien véhément qui brave toutes les honnêtetés, vous passez
en revue tour à tour chacune de nos études ou
rééditions de textes anciens.*

*Évidemment, tant de peine que vous avez
prise, cette explosion de chagrin ou cet excès de
zèle appellent une réponse. Toutefois, mon Révérend Père, vous aurez eu du moins le mérite
d'avoir trouvé le meilleur moyen de nous mettre
dans l'embarras.*

* * *

*Tout d'abord, est-ce à nous que ce discours
s'adresse ? Oui, sans doute, puisqu'il s'agit de nos
brochures.*

*Pourtant, à chaque page, c'est à d'autres que
Votre Révérence en a sur notre dos. A qui ? Il
n'est pas toujours facile de le deviner.*

Votre Révérence a rêvé de noirs complots.

*On voit passer, à travers ces effroyables songes,
d'insensés capitalistes, qui gaspillent leurs trésors à d'autres œuvres qu'au « bien » de votre
Compagnie, dernier rempart de leur coffre-fort.*

sinon contre le syndicalisme blanc, du moins contre le bolchévisme rouge; il est même question d'un consortium de financiers italiens et français, qui prodigueraient l'or pour répandre à profusion nos brochures à travers le monde.

Votre Révérence s'en prend encore à un « ancien chef de modernistes », fondateur d'une « société secrète » rivale de la vôtre, qui aurait prêté les mains à ce « mystère d'iniquité ».

Vous incriminez enfin, mon Révérend Père, au moins comme manœuvre ou mercenaire, quelque « renégat »; croirait-on, de votre Assistance de France, que vous balancez de vos aigres reproches à de sourdes avances, renforcées de risibles menaces.

Grand Dieu ! quels peuvent bien être tous ces gens-là ? Si vous les aviez nommés, mon Révérend Père, sans doute auraient-ils pu rassurer sur leur compte vos esprits alarmés. Nous aurions repris ensuite le débat entre nous. Mais la mêlée reste, en ces conditions, trop confuse, et nous-mêmes n'arrivons pas à démêler, dans cet imbroglio, votre erreur ou votre tactique.

Quoi donc ! mon Révérend Père, votre police, de nos jours, est-elle vraiment si mal faite ? Ou bien, n'avez-vous cherché qu'un prétexte à vider d'un coup deux ou trois querelles, contre tous les fantômes qui peuplent vos cauchemars ?

***

Au surplus, malgré ces personnalités déplacées, nous eussions volontiers profité d'une discussion, même un peu verte, ne fût-ce que sur un détail du vaste débat historique engagé. On peut s'instruire sous les coups d'un adversaire. L'histoire de votre Compagnie foisonne, non seulement de fictions, mais de mensonges obscurs et de faux matériels, difficiles à redresser après tant d'années. Plusieurs fois, nous avons pu nous méprendre sur tel ou tel personnage, tel ou tel incident. Rien ne nous aurait moins surpris que de nous voir rabrouer sans ménagement, à propos d'une date, d'un fait ou d'un nom. C'est une mésaventure à laquelle de plus expérimentés historiens que nous seraient bien naïfs de ne pas se croire exposés ; et nous étions prêts à rectifier, sans mauvaise humeur, nos données les moins solidement établies, à nuancer au besoin davantage la thèse qu'elles nous avaient suggérée. Car notre œuvre est avant tout une œuvre de bonne foi, tout en étant une œuvre de combat. Quel autre intérêt aurions-nous, en effet, à mener cette bataille, sinon celui de la justice et de la vérité ? Nous ne sommes ni infaillibles ni chatouilleux : la Compagnie a ses spécialistes qui, à tout bout de chapitre, pouvaient nous administrer au moins quelque mise au point facile et sévère, sinon d'une grande portée.

Malheureusement, Votre Révérence nous paraît assez loin de la réelle habileté de quelques-uns de nos bons Pères d'ici : un Dudon, un Dubruel et d'autres. Elle lit, sans doute, assez difficilement le français ; car, presque à chaque page, elle se méprend grossièrement jusque sur le sens de celles de nos paroles qu'elle rapporte textuellement. Elle polémique à côté ou cherche les corps à corps, au risque de ne saisir qu'une ombre. Mais pas un mot dans son article qui réfute ou éclaire ou même atteigne objectivement le moindre détail du gros procès en cours.

C'est un pur néant, ou pis encore, que cette violente diatribe.

— Votre Révérence, par exemple, ne veut pas qu'on dise que « la grande figure de Louis XIV domine son siècle ». Pour elle, il y a là, sans doute, un accès ridicule autant qu'odieux de chauvinisme français, une preuve sans réplique de notre habileté à exploiter contre les Jésuites les passions nationales. Diantre ! Comment poursuivre des éclaircissements délicats, si d'abord nous sommes en désaccord sur une pareille évidence : à savoir que le grand roi, même aux yeux des puissances étrangères, a tenu, au XVII° siècle, une certaine place dans l'histoire du monde ? Toute discussion, en de pareilles conditions devient incommode.

Et l'on ne voit guère à quoi elle pourrait aboutir, si d'abord la francophobie est un dogme à l'égal de la transcendance de la Société du Nom de Jésus.

⁎

Je conviens enfin que la partie n'est pas égale entre nous, mon Père, sur le terrain de l'éloquence.

Vous connaissez notre avis sur la Compagnie de Jésus et sur la plupart de ses panégyristes. Nous l'avons exprimé parfois avec vivacité. Sans faire ostentation ni de « sérénité » à toute épreuve, ni d'indifférence aux coups, ni de longanimité à les recevoir ou à les parer, ni d'un injurieux « pardon » pour ceux qui nous les portent, nous croyons n'avoir pas souvent dépassé les bornes d'une discussion assez sévère, passionnée même, si vous y tenez, mais suffisamment courtoise. S'il nous est échappé quelques qualifications plus rudes, nous avons fourni ou sommes prêts à fournir le document qui les justifie, à nos yeux du moins, en toute sincérité.

Votre Révérence, au contraire, nous accable d'abord, sans nous connaître, des trouvailles, assez vulgaires mais inépuisables, d'un véritable talent de l'invective.

« Libelle abject, malheureux libelliste, pamphlétaire à gages, hypocrite masqué, loup enragé sous une peau de brebis, faux catholique, arien, janséniste, impie, diffamateur, calomniateur infâme, déserteur, âme aigrie, fiel, mauvaise foi, crasse ignorance, balourdise, blasphème, aveuglement passionné, brutalités anticléricales, bassesse, etc., etc., etc... »: il n'en faut pas moins à Votre Révérence pour soulager son indignation. C'est beaucoup, c'est même trop. D'autant que l'aimable laisser-aller de la prose italienne vous permet de ressasser vingt fois ces paroles désobligeantes, et qu'une pure traduction littérale risquerait de vous classer, en français, vous le directeur religieux d'une grande revue romaine, au-dessous du plus débraillé journaliste de notre petite presse. C'est assez peu glorieux pour votre Compagnie.

Lisez, mon Révérend Père, et relisez, je vous prie, la « Note » que la rédaction des Études a bien voulu nous consacrer, presque à la même heure que vous, sur un thème certainement concerté. Elle n'est pas moins roide que votre prolixe imprécation; elle veut être, en son genre, pour le moins aussi insolente à notre égard. Il convient pourtant d'en admirer, par comparaison, l'air pincé d'innocence, la concision et l'espèce de dignité: car elle sait du moins être courte et éviter les gros mots. Ainsi, mon Révérend Père, est-il encore de bon ton de feindre de ne se point commettre, lorsqu'il faudrait s'avouer quinaud. Mais que pensez-vous avoir gagné à vous tant répandre sans produire une bonne raison et à nous faire cette scène de comédie ?

Vous nous reprochez, assez mal à propos, d'avoir voulu flatter nos universitaires. C'est un grief qu'encourent bien davantage tel et tel de vos confrères parisiens, de plus en plus friands des diplômes officiels. Mais enfin que voulez-vous que pensent de votre bonne éducation, de votre esprit religieux et même des « règles de la modestie » que vous a tracées Saint Ignace, certains maîtres de notre vieille Sorbonne, peu croyants sans doute, anticléricaux, si vous voulez, mais érudits consciencieux, héritiers jaloux d'une tradition invétérée de politesse, si jamais nous leur donnons à lire ces litanies à rebours ? Certainement, à leurs Congrès ou dans leurs Revues, si l'un des disciples qui se réclament de leurs méthodes n'apportait un jour, même sur le plus brûlant sujet, en guise de riposte au plus méprisable contradicteur, qu'un pavé de ce poids, ces amateurs de précision historique et de bon langage lui demanderaient d'avaler bien vite sa langue ou de remporter son manuscrit.

Et si vous incriminez, même en cela, mon Révérend Père, le mauvais esprit de ceux que vous appelez nos « sorbonnicistes », essayez, pour tirer ce débat au clair, de faire passer votre copie ailleurs que chez vous, où vous êtes le maître d'invectiver à tue-tête et de cracher à terre. Demandez à la Croix, ou même à vos bouillants confrères de l'Interdiocésaine, de reproduire tels quels, sans les policer un peu, vos alinéas débridés.

C'est que ces choses-là, mon Révérend Père, ne se font pas encore chez nous, en dehors d'un certain monde dont vous avez tort de vous mettre en feignant de nous en croire. Votre Révérence ne craint pas, entre autres honnêtetés, de parler de « langage de voyou — anche del linguaggio da becero » et d' « esprit immonde qui se complaît dans la fange — Cosi il libellista ci si spatula come l'animo ignobile nel fango ». Dans ces conditions, nous vous rendons les armes. Le public jugera qui de nous mérite encore l'audience de la bonne compagnie.

Pourtant, s'il faut à tout prix nous défendre contre une agression si peu mesurée, veuillez agréer pour toute riposte, mon Révérend Père, la dédicace de ces quelques notes sur un Saint odieusement traité par les Vôtres. Nous laissions dormir ces feuillets au fond d'un tiroir, comme moins susceptibles de hausser et d'élargir, au point où nous en sommes, notre controverse. Mais puisque, délaissant le premier les hauteurs, vous nous rappelez dans la plaine, consentez à ce que nous y évoquions, sans consentir au pugilat, du moins le souvenir de cette bagarre ancienne.

Comme vous et les Vôtres avez peu changé, mon Révérend Père, depuis qu'il y a sur terre des Jésuites, et qui parlent, écrivent ou intriguent contre leur prochain ! Qu'à vous donc soit dédiée cette image toujours actuelle de votre incorrigible pétulance !

C'est un épisode qui n'a rien de national, et

vous ne sauriez nous reprocher cette fois de l'avoir choisi « da buon francese », pour ameuter contre vous les passions gauloises.

Nous ne sommes, certes, ni l'admirable Calasanz, ni non plus le mécréant que vous voudriez donner à croire ; vous-même n'avez tout à fait ni, je l'espère, l'acharnement au mal de votre Père Pietrasanta, ni, je le crains, le talent de votre Père Cordara. Les uns comme les autres, nous avons pourtant à gagner à cette vieille leçon.

Et si vous la trouvez dure, si quelques-uns sont tentés de la juger inopportune, c'est à vous qu'il faudra s'en prendre. Car, entre votre article et cette nouvelle brochure que vous avez provoquée, de quel côté, mon Révérend Père, en en appelant, sinon au meilleur, du moins au plus habile de vous-même, trouverez-vous la juste retenue, le respect de soi-même et du lecteur, la dignité de la controverse ? Nous prenons pour arbitre, non pas le R. P. Rosa, polémiste ab irato et peu reluisant auteur de Cenni storici sur sa Compagnie, mais le R. P. Rosa, successeur, sinon héritier, du R. P. Chiaudano, que jadis nous aimâmes et qui nous le rendit. Jugez-en par vous-même, non d'après votre parti pris, mais en faisant appel à ce qui peut vous rester de conscience professionnelle, au point de vue de la simple décence et de la « civiltà », même la moins spécifiquement catholique.

Pour tout dire, nous aurions voulu, autant que vous, mon Révérend Père, pouvoir signer cet humble hommage d'un nom qui vous soit, sinon plus connu, du moins plus facile à mettre sur un visage familier. Excusez-nous de rester, pour vous et pour les Vôtres, le « pseudonyme » qui vous met si fort en peine.

Lorsque nous avons entrepris, non pas cette « campagne », mais cette série de recherches et d'études à travers votre passé, nous avons délibérément choisi de rester à jamais pour vous des inconnus. Sans connaître encore la Compagnie autant que ces rapides excursions au cœur de votre histoire nous ont appris à le faire, nous savions déjà, — et pour cause ! — tout ce dont vous étiez capables à l'égard du moindre dissident, aussitôt traité par vous en criminel de lèse-majesté. Or, sans que nous soyons le Révérendissime Père Rosa, dont nous ignorons les titres de noblesse dans le monde ou les titres d'honneur au sein de sa curie généralice, vous nous excuserez, s'il vous plaît, de tenir de nos père et mère un nom sans aucun éclat, ni dans l'Eglise, ni dans les Lettres, ni dans la société, mais honorable et sans éclaboussure. Nous avons à cœur de le préserver de vos aménités et de ne pas exposer avec nous une famille de braves gens, des cœurs pieux, aux atteintes d'une verve libérée par votre Père Lamy des plus élémentaires scrupules à l'égard de quiconque n'aime pas assez votre Compagnie. Vos méprises elles-mêmes montrent trop que vous n'épargnez rien ni personne, au premier soupçon comme à la moindre alerte.

Du moins, le nom que nous avons pris, non sans motif, vous tient-il à demi en respect. Vous n'accolez encore que d'assez loin à ce « pseudonyme » vos épithètes les plus hautes en couleur ; mais vraiment l'on se demande avec un peu d'ef-

froi de quelle encre vous auriez noirci un patro-
nymique moins sacré pour vous.

Veuillez donc, mon Révérend Père, agréer
l'expression sincère des sentiments que vous doit,
malgré tout, le « voyou » que vous avez osé dire
et l' « esprit immonde » qui n'en reste pas moins

R^a V^a servus et frater in X^o

I. DE RÉCALDE.

CHAPITRE PREMIER

L'Etat de la Question

1. Saint Calasanz et les Jésuites. — 2. La vie de Saint Calasanz par Timon-David. — 3. La thèse du P. Boero. — 4. Une brochure anonyme. — 5. Un article des « Etudes ».

1. — *Saint Calasanz et les Jésuites.*

Ce serait un chapitre bien long à écrire que celui des victimes plus ou moins avouées de la Compagnie de Jésus, à travers les trois siècles de son histoire.

« Les troubles et les querelles très graves, prononce le Bref *Dominus ac Redemptor*, que la Société avait violemment excités contre les Ordinaires des lieux, les Ordres réguliers, les lieux pies et les communautés de toutes espèces, en Europe, en Asie, en Amérique, non sans causer une immense perte des âmes et le plus grand étonnement parmi les peuples » ; en un mot, les dissensions et les scandales causés par la Compagnie, étaient déjà si grands, en 1773, qu'au jugement du Saint-Siège, « il n'était pas même possible, tant que les Jésuites subsisteraient, que l'on rendît à l'Eglise une paix vraie et durable » (1). L'Ordre ayant été rétabli par Pie VII, les fourberies et les violences ont recommencé de toutes parts (2). C'était la contre-épreuve, providentiellement nécessaire, sans doute, pour arriver, dans l'Eglise de Dieu, aux conclusions définitives. Car la liste des saintes âmes torturées par les intrigues et par les coups de force de ces religieux s'allonge à nouveau; les réclamations de tous les pouvoirs légitimes se multiplient; l'héroïque pardon des plus humbles et le silence même des consciences en proie à une sorte de terreur sacrée, finiront par percer le ciel. Le jour viendra où la mesure sera comble et fera déborder la coupe de larmes et de colère remplie avec tant de persévérante iniquité.

(1) Cf. Le Bref *Dominus ac Redemptor* de Clément XIV, avec une introduction et des notes par I. de Récalde.

(2) CHATEAUBRIAND, lettres du 22 et 23 mars 1829, publiées en 1896 par la *Revue des Revues*. Il y rétracte le mot fameux — encore exploité par certains jésuites — de ses *Etudes historiques* sur les *Provinciales* éloquemment traitées de « mensonge immortel ». Ambassadeur de France à Rome au moment du conclave d'où sortit l'éphémère Pie VIII, il est témoin de l'incroyable intrusion des Jésuites dans l'élection, en dépit de censures, quinze ans tout juste après que la Bulle *Sollicitudo* a rétabli la compagnie:

« Je dois avouer que les Jésuites m'avaient paru trop maltraités par l'opinion. J'ai jadis été leur défenseur... J'avais pris Pascal pour un calomniateur de génie, qui nous avait laissé un immortel mensonge ; je suis obligé de reconnaître qu'il n'a rien exagéré. La lettre du P. Pavani (que Chateaubriand reproduit à propos de ces incidents) a l'air d'être échappée à Escobar lui-même, elle figurerait merveilleusement dans les *Lettres provinciales*... Au surplus, l'audace est grande. Cette congrégation à peine rétablie, repoussée de toutes parts, suspecte au Sacré-Collège lui-même, n'en aspire pas moins à donner la tiare et à se mêler de toutes les affaires du monde. »

Cependant l'histoire de cette incessante et cruelle tyrannie d'un Corps tout puissant et sans scrupules est une tâche trop complexe pour être facilement entreprise : il faudrait reprendre, de ce point de vue assez déplaisant, presque toutes les annales catholiques depuis trois cents ans. D'autre part, un exemple isolé, fût-il choisi parmi les plus caractéristiques, risque de ne donner qu'une idée insuffisante de cette multitude de manœuvres et d'attentats qui ont abreuvé d'amertume la vie du clergé séculier et régulier.

Même le cas du Saint illustre que fut Joseph Calasanz est loin d'être le plus significatif ou le plus éclatant.

Aussi bien pourrait-on s'arrêter aux démêlés de Saint Charles Borromée avec certains Jésuites, accapareurs de vocations, prêcheurs d'indiscipline et coutumiers d'innommables vices ; il nous reste, du grand archevêque de Milan, plusieurs recueils de terribles lettres dont personne aujourd'hui ne conteste plus l'authenticité (1).

On sait comment les Jésuites ont diffamé, pour empêcher sa canonisation, le Vénérable Palafox. *L'Annuaire pontifical catholi-*

---

(1) Cf. Les *Ecrits des curés de Paris*, p. 362-367. Mais nous voulons faire allusion ici, surtout, aux difficultés que lui créa son confesseur le P. Jean-Baptiste Ribera, convaincu de mœurs infâmes, aux attaques forcenées que dirigea contre lui, du haut de la chaire de sa propre cathédrale, le P. Jules Mazzarino, ainsi qu'aux excitations que prodiguait contre lui au gouverneur de sa ville épiscopale un autre de ces bons Pères, avec l'appui du Gesù. L'infamie de Ribera ne détourne pas même Sacchini ((*Hist. Soc. Jesu*, lib. VIII, n° 12) de nous conter que ce fâcheux guide spirituel a conduit le Saint aux plus hauts sommets de la vertu. Et le P. Rosa a le front de reprendre ce refrain. Sur ces incidents, il faut lire, d'ailleurs, non

que pour 1921 mentionne lui-même la mort en odeur de sainteté de l'ancien évêque de Puebla de los Angelos, la modération de ses plaintes contre ses persécuteurs (1), le sentiment favorable du grand Benoît XIV, les bonnes dispositions du cardinal Ganganelli, devenu plus tard Clément XIV, et toutes les « circonstances heureuses » de la cause. Cependant elle n'aboutit jamais, et l'*Annuaire pontifical* de déclarer, sans autre éclaircissement, pour expliquer cet inconcevable abandon d'un procès soutenu par toutes les puissances civiles et ecclésiastiques : « Voici un fait qui montre, ce semble, d'une façon claire, l'intervention de Dieu dans les actes du Souverain Pontife ». Même il croit pouvoir prophétiser, à un moment où la cause du Vénérable Bellarmin, autrement compromise, est reprise d'autorité pour la troisième ou quatrième fois, sur l'injonction du Gesù : « La cause du Vénérable Jean de Palafox est encore actuellement en suspens devant la Sacrée Congrégation des Rites où nul ne s'occupe plus de la reprendre. » Et il en est de même pour celle du Vénérable Inno-

seulement les lettres de Saint Charles, mais celles de Cesare Spetiano, son chargé d'affaires à Rome, plus tard évêque de Novare, puis de Crémone, et celles de l'honnête P. François Adorno, S. J., lui-même, à l'admirable archevêque de Milan. C'est là encore un terrible dossier qu'il faudra bien vider quelque jour.

(1) Cf. *Annuaire pontifical catholique*, 1921. Maison de la Bonne Presse, Paris. p. 69. : « Notons bien que Palafox ne généralisait pas ses accusations, et se bornait à relater ce qu'il avait constaté lui-même ». — Voir : *Le tre famose lettre scritte dal Ven. Servo di Dio Monsignore D. Giovanni di Palafox, vescovo di Angelopoli, in tempore della sua fierissima persecuzione nel Messico, due quali furono diretle a Papa Innocenzo X et l'altra al re cattolico Filippo V. Venezia, 1771, pet. in-12, 128 p.* — Cf. *Ecrits des curés de Paris*, p. 307 et suivantes.

cent XI. A quoi nous serions tentés de nous écrier plutôt : « Voici un fait qui montre, ce semble, d'une façon claire, quelle pression la Compagnie ne recule pas à exercer jusque sur les actes du Saint-Siège ! »

Nous avons eu également l'occasion de parler des hostilités ouvertes par les Jésuites contre le Cardinal de Bérulle, Saint Vincent de Paul et les Congrégations naissantes de l'Oratoire et de la Mission (1); la querelle des rites chinois et malabares n'est pas moins connue. Une récente biographie de Mary Ward, à tort traitée de jésuitesse par quelques historiens, laisse entrevoir de pareils abîmes de méchanceté (2).

(1) Voir sur le Cardinal de Bérulle, *Lettres de l'abbé de Margon sur le Confessorat du P. Le Tellier*, avec une introduction et des notes par I. de Récalde.-Cf. les trois volumes de l'abbé M. Houssaye sur le Cardinal de Bérulle, et sa brochure : *Les Carmélites de France et le Cardinal de Bérulle*, Paris, Plon, 1873.

Sur Saint Vincent de Paul, parmi les ouvrages déjà anciens, consulter, *passim*, le « Prologue » aux *Constitutions de la Congrégation de la Mission*, éditées à Lisbonne en 1743, — les diverses *Vies* du Saint par Collet, Acami (Rome 1677), Abelly, etc..., — en particulier. concernant les intrigues des Jésuites à Rome, les lettres de Saint Vincent à M. d'Horgny, en date du 13 juin 1652, à M. Ducoudray, le 12 juillet 1652, à M. Joly, le 22 octobre 1655, etc... Nous aurons sans doute l'occasion de revenir aux plus modernes historiens du Saint, ainsi qu'à la Querelle des Rites qui mit aux prises Jésuites et Lazaristes en Extrême-Orient.

(2) Dans un curieux *Essai sur l'organisation de la Compagnie de Jésus* (Leide, E.J. Brill, 1893), où abondent les indications malheureusement les plus mêlées, E. Piaget mentionne comme un essai de « Jésuitesses » la fondation en 1609 par Maria Warth d'une Congrégation enseignante de femmes, vite assez prospère sur le continent, mais supprimée par Urbain VIII en 1631. Rome reprochait à ces pieuses institutrices, pour s'être inspirées trop étroitement des Constitutions de Saint Ignace, une règle de vie « qui répugnait à la fois à l'innocence de la vierge et à la pudeur de la femme » ; et la « Générale » fut un

Rosmini (1), plus récemment encore, a souf-
fert des mêmes persécutions; et combien d'autres, sous nos yeux, ne sont pas épargnés ?

Toutefois, si Saint Joseph Calasanz n'a pas été
la victime la plus malheureuse ou la plus tou-
chante que les Jésuites aient torturée, une de ces
récentes biographies a posé du moins le problème
sous son aspect le plus accessible.

moment jetée en prison par le Saint-Office, comme hérétique,
schismatique et rebelle. Le coup venait en réalité des Jésuites. Là encore, ils avaient flairé la concurrence. Aujour-
d'hui la cause de Mary Ward semble définitivement revi-
sée ; sa Congrégation des Dames anglaises est autorisée à
l'avouer pour fondatrice, et les biographes les plus éminents ne
redoutent pas de soulever le voile de cet autre mystère d'iniquité.-Cf. La récente *Vita di Mary Ward*, sortie des presses du
Vatican et dédiée à son Eminence le cardinal Merry del Val,
avec la *Breve notizia* du cardinal Gasquet sur l'Institut de la
Bienheureuse Vierge Marie et sa première supérieure : « Sa condamnation, dit seulement l'auteur anonyme, fut le résultat
d'une persécution mesquine, ourdie et conduite à l'aide d'insinuations malignes par de puissants ennemis dont Mary Ward
et ses sœurs turent cependant toujours le nom avec une
généreuse charité. »

Il est arrivé du reste à Mary Ward une singulière aventure.
Le Bref de suppression d'Urbain VIII, *Pastoralis Romani
Pontificis*, a égaré le plus souvent les historiens, depuis le terrible pamphlet de Vargas jusqu'au moderne Piaget. « En certains endroits d'Italie et d'au delà des monts, dit en effet textuellement le document pontifical, certaines femmes ou jeunes
filles, *ayant pris le nom de* JÉSUITESSES, sans aucune approbation du Siège apostolique, etc... » Les adversaires de la Compagnie ont pris, sur ces apparences, les religieuses de Mary Ward
pour des complices des Jésuites, alors qu'elles n'en étaient que
les émules et devaient en demeurer les victimes. Leurs bourreaux n'avaient garde de réclamer contre la méprise.

(1) Cf. G. A. PAGANI. *Il Rosmini e gli uomini del suo tempo.*
Firenze. Liberia arcivescovile éditrice. MCMXIX. — Cf. la
lettre très dure du R. P. ROSAVEN à l'*Univers*, en date du 21
janvier et publiée à Paris le 9 février 1843. Consulter également
avec précaution : GIOBERTI, *Il Gesuita moderno*, tome II, ch. V.

Cet Espagnol, d'une race plus illustre que celle de Saint Ignace, son quasi contemporain, s'est permis, en effet, de fonder, à Rome, en 1617, les Clercs réguliers des Ecoles pies de la Mère de Dieu, plus connus sous la dénomination abrégée de Piaristes dans le nord de l'Europe et de Scolopes en Italie (1). C'était élever contre les Collèges de la Compagnie une concurrence intolérable. Encore si les Ecoles pies s'étaient contentées de répandre l'instruction primaire, comme firent plus tard Saint Jean-Bap-

(1) Sur l'état actuel de cette Congrégation, peu connue en France, mais toujours florissante, principalement en Espagne et en Italie, voici les principaux renseignements fournis par *l'Annuaire pontifical catholique* de 1921 :

Origines : Fondés à Rome en 1597, unis aux Clercs rég. de la Mère de Dieu en 1614, séparés le 6 mars 1617 ; ordre régulier, 18 novembre 1621 ; Constitutions approuvées, 31 janvier et 16 octobre 1621. Supprimés par bref du 16 mars 1646 reconstitués le 24 janvier 1656 et le 23 octobre 1698.

Statistique : En 1918, 4 assistances gén., 14 prov., 2 vice-prov., 344 collèges, 4.451 rel.

Fondateur : S. Joseph Calasanz (11 septembre 1556 — 25 août 1648), canonisé le 16 juillet 1767.

Protecteur : Em. card. Pompili.

Préposé gén. : R. P. Viñas (Thomas de Saint-Louis), élu en 1912. — La maison généralice est à Saint-Pantaléon, Posta Vecchia, 31, Rome.

Assist. gén. : RR. PP. Adeo (Salvatore), pour Rome ; Catelani (Jacopo dell' Assunzione), pour l'Italie, déjà assist. gén. ; Ilari (Marcellino della Vergine), pour l'Espagne, proc. gén. en 1918, tous élus le 1er août 1919.

Proc. gén. : R. P. Boschi (Everardo), élu le 1er août 1919. (La procure est au coll. Nazareno, via del Nazareno, 1).

Secrét. gén. : R. P. Torres (Henri du Carmel).

Vic. gén. d'Espagne et outre-mer : R. P. Rodriguez (Melchior du Carmel).

Proc. gén. d'Espagne : R. P. Perez (Moïse de St-Joseph-Calasanz).

Ep. : Em. card. Mistrangelo, Florence ; NN. SS. Alonzo y Salgado, Carthagène d'Espagne ; Oberti, Saluces.

tiste de la Salle et nos Frères des Ecoles chrétiennes, un arrangement eût été possible (1). Ce n'est pas cet humble apostolat qui tenta jamais les Jésuites; et le peuple alors n'était pas leur affaire, n'étant pas encore souverain. Mais les nouveaux venus prétendaient enseigner aussi bien — sans rétribution — les humanités. Crime impardonnable ! On le leur fit bien voir. Une disposition imprudente de leur Chapitre général ayant occasionné chez eux certaines divisions entre prêtres et frères lais, une vilaine intrigue en profita pour leur jeter dans les jambes un Visiteur apostolique à tout faire, le jésuite Pietrasanta, qui obtint d'Innocent X la dissolution de cet Institut florissant et déjà riche de mérites. Le fondateur, déposé, maltraité, mourut à la peine, en 1648, âgé de 92 ans, avant d'avoir pu se faire rendre justice. Et sa légende au Bréviaire compare sa patience dans le malheur à celle de Job sur son fumier. Le fumier abonde, en effet, dans cette histoire; mais on n'ose guère articuler tout haut quel démon avait obtenu de Dieu de mettre à l'épreuve de cette ruine et de ces ulcères son grand serviteur. L'évidence, sans doute, c'est que si Calasanz fut un saint, Pietrasanta et ses supérieurs, et la Compagnie, responsable de cette iniquité, furent exactement le contraire. Seulement, nous avons eu tant d'autres occasions de constater la même antinomie

(1) Et encore, même aujourd'hui ! Dans l'*Idea nazionale* du 10 juin 1920, à propos de la liberté de l'école, Massimiliano Billia écrit : « Les Jésuites, qui s'improvisent les paladins de la liberté, n'ont-ils pas fait fermer à Turin, voici quelques années, le Collège des Frères des écoles chrétiennes, parce qu'il faisait concurrence au leur. » Même si le détail des faits est controuvé, on voit que la réputation de la Société demeure toujours aussi fermement établie...

entre les prétentions de la « très sainte Compagnie » et les réalités, qu'il est presque superflu d'y revenir. Ce n'est donc pas le fond de cette histoire qui en constitue l'intérêt : il est aussi banal qu'odieux.

Ce qui fait plutôt ici le mordant de l'aventure, c'est la facilité d'y saisir sur le vif les efforts désespérés des écrivains de la Société en vue d'étouffer les échos de ces luttes anciennes, d'en déformer le souvenir et d'imposer à l'histoire l'éternelle légende de leur parfaite innocence. Silence aux victimes ! Silence à leur postérité ! Il faut que la Compagnie ait licence, non seulement d'assassiner en paix, de génération en génération, ceux qui la gênent, mais encore de baillonner jusqu'au jugement dernier la justice des hommes. Et si quelque voix imprudente s'élève, par mégarde, malheur à elle ! Elle se fait vite rappeler à l'ordre, de façon à lui ravir toute envie de recommencer. Il faut avoir renoncé à peu près à tout ici-bas, n'avoir plus rien à perdre ni à espérer en ce monde, pour passer outre et braver pareils orages (1).

(1) Nous retrouvons, par exemple, ici, M. Fernand Mourret, professeur d'histoire de l'Eglise au Grand Séminaire de Paris, que nous avons pris déjà en flagrant délit de mutilation de texte pour sauver l'honneur du P. de la Chaise. (Cf. Le Bref *Dominus ac Redemptor*, p. 119). M. F. Mourret semble avoir mission de démentir l'idée que le grand public s'est formée traditionnellement des Sulpiciens :

Ils laissent volontiers, écrit de ceux-ci M. Pierre Lasserre, dans le *Mercure de France*, du 15 novembre 1921, « pour de plus ambitieux toutes les questions de haut vol, les questions trop larges ou trop célèbres ou trop disputées ou de trop de conséquence, qu'on ne saurait approfondir sans attirer l'attention sur soi, sans émouvoir les amours-propres, sans éveiller des répercussions dans le monde des idées, sans mettre plus ou moins les esprits en ébullition. Voilà le terrain

Or, par extraordinaire, l'écrivain ecclésiastique qui, sans le chercher, s'est heurté, chez nous, au sujet de Saint Joseph Calasanz, à ces vengeances et à ces défis, s'est trouvé justement une âme de saint, éprise de la vérité d'abord. Il s'est cabré

qu'évite, en effet, la modestie des écrivains sulpiciens, ne trouvant généralement à son goût que des matières secondaires, subordonnées, spéciales, de peu d'horizon, qui peuvent être traitées d'un point de vue d'érudition pure et où l'on ne court aucun de ces risques. Des monographies d'une documentation scrupuleuse sur des sujets très limités et surtout très froids d'histoire littéraire ou ecclésiastique, de théologie morale ou de droit canon, d'orientalisme ou d'interprétation biblique, tel est le type le plus fréquent de leurs productions. »

La pétulance méridionale de M. Mourret a brisé ce moule sulpicien ; elle renie la circonspection de M. Tronson. Ce professeur d'histoire se rue au pourtour au moins des questions brûlantes, avec une audace à peine tempérée par ces longues habitudes de prudence. Et malheureusement ce n'est pas dans le bon sens. La vérité n'a jamais eu de moins hardis défenseurs que les confrères de M. Mourret. C'est au point qu'on a pu soupçonner longtemps de complaisance leur modération à l'égard du gallicanisme, voire du « jansénisme », à l'heure de leurs triomphes. M. Mourret se jette, lui, dans le semi-libéralisme, avec une semi-fougue qui, de la part d'un fils de M. Olier, dérange un peu nos habitudes. A peine échappé au gros labeur de sa monumentale Histoire de l'Eglise, il a profité des papiers Icart pour minimiser le Concile du Vatican et donné pour épilogue à vingt siècles de catholicisme le chétif récit de la malheureuse expérience que furent les directions politiques et sociales de Léon XIII. Il s'est fait enfin, nous dit-on, pamphlétaire sous le manteau, au compte de la Compagnie de Jésus. Mais les indications que nous apporte, sur ce point, le P. Rosa ne sont pas encore suffisantes pour nous permettre d'élucider tout à fait l'incident.

Du moins, pouvait-on croire que, dans son *Histoire générale de l'Eglise,* M. Mourret n'avait pas cédé à d'aussi bas motifs pour couvrir les fautes et les falsifications de la Compagnie de Jésus. Il était admissible qu'il ignorât. Ces grosses œuvres hâtives sont surtout des compilations. Comme Rohrbacher dans sa première édition, il avait pu utiliser des travaux et des matériaux truqués. Car il n'est point un historien sous l'habituelle menace. Sa riposte, peu connue, semble avoir un instant intimidé l'adversaire. Voilà l'exemple et la leçon trop rares que nous

de première main. L'abbé Bremond sourit, dans la *Revue des Jeunes*, à la pensée qu'on ait pu prendre pour tel ce ravaudeur. Et il fallait bien imaginer, charitablement, que, pour en parler comme il l'a fait, il n'avait pas même parcouru le Bref *Dominus ac Redemptor*. Qui sait? Rohrbacher a eu le beau courage, dans une seconde édition, de corriger ses erreurs, M. Mourret pouvait nous apprendre un jour quel ciseau trop habile avait coupé pour lui la lettre de Seignelay.

Par ailleurs, ces longs ouvrages sont aussi, et avant tout, une entreprise de librairie. L'éditeur seul peut faire les frais et assurer le débit de tant de tomes que ne soutiennent ni la réputation ni le talent d'écrivain de l'auteur. Et c'est pourquoi l'éditeur veut que le livre, pour s'écouler, puisse aller partout, plaise par conséquent à tout le monde et aux bons Pères. Y choquer une seule des exigences de la Compagnie, c'est se retirer toute une clientèle. Foin de la vérité *qui ne paie pas* ! Les rééditeurs même de Rohrbacher l'ont si bien compris, qu'aujourd'hui, ils reprennent, non son texte amendé mais justement sa première édition philojésuitique, sans les corrections de l'auteur. Honnêteté médiocre !

M. Mourret vise au succès. Rien ne l'obligeait toutefois à tant de silences voulus et d'altérations impardonnables.

Pour nous en tenir à cet exemple, puisqu'il est ici question de Saint Joseph Calasanz, M. Mourret, au tome V de son *Histoire*, p. 540, consacre vingt-deux lignes au fondateur des Écoles pies. Peut-être trouvera-t-on que c'est peu pour l'homme et pour l'œuvre au cours de dix volumes, alors que tant de place est perdue ici et là à venger les plus insignifiantes querelles du jésuitisme. Mais on goûtera surtout la rédaction de cette rapide notice :

« La nouvelle Société, fondée en 1897, passe rapidement d'Italie en Bohême, en Allemagne et en Hongrie. Mais, *pour la maintenir dans son esprit premier*, le saint fondateur souffre des tribulations *inimaginables*. A l'âge de plus de quatre-vingts ans, il sera insulté, calomnié, persécuté *par des membres de sa propre congrégation*, déposé de sa charge de supérieur général, obligé de subir le joug de son principal persécuteur, et mourra à quatre-vingt-douze ans, dans la disgrâce, après avoir avons voulu recueillir avec piété, en lui faisant une place à part au cours de ces études documentaires.

> prédit le relèvement et l'accroissement de son Ordre à peu près anéanti en ce moment. »

Rien du Visiteur ni de la Compagnie de Jésus! Darras avait osé exprimer des réserves ; M. Mourret préfère cultiver ici la prétérition, comme plus haut les adroites coupures.

Ailleurs, il est véhément. Ce n'est plus un Sulpicien, c'est un Jésuite : j'entends un Jésuite à la Garasse : le Jésuite mousquetaire. Habile homme toujours, mais avec une pointe d'accent ; champion exubérant du « modernicisme », plutôt que mesuré docteur d'Issy, et sabotant Veuillot en l'honneur de M. Icard.

Ne le piétinons pas ! La *Documentation catholique* a reproduit, touchant sa plus lourde compilation, une exécution sommaire mais définitive, de l'*Ami du clergé* (26 janvier 1922) :

> « Q. — *L'auteur de l'article* Les Papes d'Avignon *dans le dictionnaire apologétique de d'Alès reproche à Mourret de n'avoir pas utilisé les ouvrages des historiens contemporains sur la Renaissance et la Réforme. Que faut-il penser de cette affirmation, que je n'ai rencontrée nulle part ailleurs?*
>
> « R. — Voici, à l'usage des lecteurs qui n'ont pas en mains le *dict.* de d'Alès, comment est formulé le jugement dont vous parlez : « Mourret, t. V, écrit presque entièrement d'après des ouvrages anciens, dénués de valeur. » (*Dict. apol.*, fasc. XVII, col. 1543). La formule peut vous sembler un peu sèche ; mais c'est en somme le jugement que porte tout le monde. L'œuvre de Mourret a son mérite ; elle est agréable à lire ; surtout elle comble une lacune. Les gens du monde y prennent une vue d'ensemble, facile et généralement juste, de l'histoire de l'Eglise ; mais elle n'est pas un instrument de travail ; et, pour les questions un peu difficiles, il faut pousser plus loin ses recherches. »

A quoi la *Documentation catholique* tient à ajouter, en note, de son propre chef, ce coup de grâce :

> « Toutefois, notamment pour les xixe et xxe siècles, il y aurait à faire bien des redressements. »

Rien de plus faux, par ailleurs, que *Le Concile du Vatican d'après des documents inédits*, rien de plus pauvre que *Les directions politiques, intellectuelles et sociales de Léon XIII*. Rien enfin de moins innocent que toute cette œuvre, très tendancieuse, où font également défaut le talent, la doctrine, le respect des textes et la clairvoyance.

2 — *La Vie de Saint Calasanz, par Timon-David.*

Il s'agit du chanoine Timon-David.

Toute la Provence retentit encore de la réputation de sainteté de ce vénérable apôtre de la jeunesse.

Né en 1823, à Marseille, c'est lui qui fonda dans cette ville, en 1846, à peine ordonné prêtre, une de ces premières *Œuvres de la Jeunesse ouvrière*, qui depuis lors sont passées presque toutes, en France, aux mains rancunières de la Compagnie pour tourner au démochristianisme social, antichambre de l'Internationale blanche. En 1864, il ouvrait sa première école. En 1871, Pie IX encourageait son projet d'un nouvel Institut, qu'approuvait, en 1876, un Décret solennel, sous le nom de Société du Sacré-Cœur de Jésus Enfant. Il y a une trentaine d'années, on comptait déjà trois Œuvres de jeunesse, à Marseille, à la Viste et à Aix, sans parler de l'Ecole du Sacré-Cœur, d'une Ecole ecclésiastique et d'un Orphelinat agricole.

Ce « Père de Jeunesse », comme il aimait à se désigner lui-même dans son apostolat, s'est fait en même temps une place de premier rang, parmi les écrivains ascétiques, par divers ouvrages de direction et de piété universellement appréciés : sa *Méthode de direction des Œuvres de jeunesse*, son *Traité de la Confession des enfants et des jeunes gens*, ses *Souvenirs de l'Œuvre de la Jeunesse*, etc... Sa réputation, grâce à ces solides travaux, pleins d'expérience et d'onction, a passé depuis longtemps les limites de son diocèse; on l'a souvent nommé le « Docteur des Œuvres »; et Il reste, au moins, l'un des précurseurs du grand mouvement contemporain d'apostolat des jeunes par son zèle, par sa science du gouvernement des âmes (1) et par l'édification de toute sa vie.

Nul doute que son renom ne se fût répandu davantage et que l'Eglise n'eût reconnu ses mérites d'une façon plus éclatante encore, s'il ne s'était heurté, par candeur, aux Jésuites. Il avait été leur élève à Fribourg; c'est à Fribourg, où il était retourné prendre les Exercices spirituels au seuil de sa vie sacerdotale, que se décida sa vocation. Il entretenait dans la Société des relations suivies; il l'aimait. Cependant, un beau jour, la similitude de destinée et un mouvement de sa piété le porta à écrire la vie de Saint Joseph Calasanz (2), en qui tout contribuait à lui faire voir un modèle et un puissant patron. Cette *Vie* n'existait pas encore en français; et son dessein, en évoquant cette grande ombre, n'était nullement de ressusciter une querelle. « *Ad majus pietatis incrementum* », porte son livre en épigraphe. Ce n'était qu'un développement concret de ses préoccupations quotidiennes; une sorte d'autobiographie spirituelle, transposée sur le plan d'une légende héroïque.

Rien par conséquent de moins polémique que cette étude. L'auteur s'est contenté de traduire, serrer et mettre en ordre la *Vie* écrite par le

(1) (Dom J.-B. Chautard, *L'Ame de tout apostolat*, 9ᵉ édition, Paris, Téqui, 1920). Voir, pp. 57-157, deux admirables traits de son zèle sacerdotal.

(2) *Vie de Saint Joseph Calasanct, fondateur des Ecoles pies* par l'abbé Timon-David, directeur de l'Œuvre de la Jeunesse de Marseille. Deux vol. de VIII-420 et 456 pp. Marseille, Typographie Blanc et Bernard, 1884. En vente à l'Œuvre, 88, boulevard de la Madeleine, à Marseille.

Scolope Talenti, au moment de la canonisation. Il n'avait point d'ailleurs à s'inquiéter d'une contradiction qu'il ignorait encore. Il se laisse aller à de menues inadvertances : il écrit Tonti pour Tosetti, avoue ingénuement ignorer Tomasco et n'avoir connu, qu'en 1883, quand déjà son étude était sous presse, l'étude de Boero, en date de 1847, dont nous allons parler tout à l'heure. Manifestement, il se pique moins d'érudition, de critique, de style et même d'une rigoureuse propriété dans les termes, que d'une charité soucieuse d'éviter tout scandale aux oreilles pies. C'est à celles-ci qu'il destine cette « lecture spirituelle » à toutes mains. Aussi gaze-t-il du mieux qu'il peut les crimes infâmes des bourreaux; il a confessé plus tard avoir baptisé « conventicule d'hérétiques » une ignoble maison de rendez-vous, pour n'employer pas un mot susceptible de troubler les chastes cœurs. Bref, un auteur de tout repos pour communautés religieuses, meilleur ecclésiastique que scrupuleux dénicheur de vérité historique, souvent cruelle et mal édifiante.

Les Jésuites pouvaient donc sans danger laisser passer quelques traits émoussés d'une plume aussi peu belliqueuse; même, plusieurs de leurs Pères, les plus ingénus, félicitèrent l'auteur de la discrétion et du tact qu'il avait su garder dans une tâche si délicate.

Au plus fort des persécutions qu'il a subies, Saint Joseph Calasanz lui-même ne s'exprime jamais, dans ses lettres au sujet de la Compagnie, qu'avec l'admirable patience et la généreuse, l'humble, la divine charité qu'on peut admirer chez nous, dans des circonstances analogues, en Saint Vincent de Paul.

Talenti, le premier historiographe du saint fondateur, parle à son tour avec une telle réserve qu'il est difficile de deviner, sans en être averti, à quel Ordre appartint le misérable Pietrasanta et quel fut le rôle des Jésuites en général dans toute cette affaire : il n'appelle jamais le persécuteur que par son titre de Visiteur, sans plus.

Timon-David observe la même discrétion : « Mario, écrit-il par exemple (II. 95)... parvint à faire nommer le Père Saintepierre, religieux d'un Ordre que nous tairons ». Ou encore (II. 62) : « La rivalité qui devait durer pendant plusieurs siècles entre les Ecoles pies et un certain Ordre qui travaillait dans le même champ... commençait à poindre malgré Joseph. » Etc... Peut-on pousser plus loin le souci, le scrupule de ne blesser personne ?

Même quand les coups eurent commencé de pleuvoir, notre « bon » chanoine s'obstine à distinguer entre l'Ordre et ce membre fâcheux, soidisant à part de la Compagnie, au risque de rendre incompréhensible son histoire.

Seulement, la faute de ce pieux auteur n'en demeurait pas moins inexpiable aux yeux de la susceptible Société ! Il avait mis le pied sur un terrain réservé. Il suscitait, d'un tombeau presque inconnu en France, un fantôme vengeur. Il n'avait pas su se conformer aux protocoles reçus, au canon promulgué par la Compagnie de Jésus, pour traiter un pareil sujet. Ignorance ou dédain, il avait omis de prendre le *la* donné du Gesù pour chanter son cantique ingénu à la gloire d'un Saint tombé sous les coups de la Compagnie.

Il n'était pas possible à celle-ci de tolérer un

pareil manquement à la consigne du silence, qu'elle entend imposer bon gré mal gré au monde.

3. — *La thèse du P. Boero.*

Dès 1847, en effet, à l'insu de Timon-David, Boero s'était préoccupé de donner à la question soulevée par la canonisation de Saint Joseph Calasanz une solution conforme à l' « esprit de la Compagnie ».

Le P. Joseph Boero, S. J., archiviste du Gesù et biographe officiel des premiers Pères de sa Société, est connu surtout par ses *Vies* de Lainez, Le Jay, Rodriguez, Salmeron, Broët et Bobadilla. Il n'est guère d'auteur moins digne de foi. Ce ne sont pas des histoires qu'il a écrites, mais des apologies aveugles et sans décence. Non pas qu'il ait manqué, pour remplir sa tâche, de documents précieux et originaux : il vivait aux sources. Mais vraiment les papiers de la famille étaient en bonnes mains entre les siennes ! Il a su n'y voir que ce qu'il voulait et qui pouvait faire plaisir aux « Nôtres ». Son tableau des origines est sans ombre. Au besoin, il altère les pièces qu'il a sous les yeux ; il en retranche, il y ajoute selon les besoins de sa cause qu'il ne veut jamais trouver trop belle. Il fait en un mot de sa bibliothèque une officine à panégyriques frelatés ; et jamais la Compagnie n'aura meilleur modèle à proposer à ses scribes à gages. Tous les Bruckers du monde y puisent de confiance à pleines pages.

Cependant le cas de Saint Joseph Calasanz, à première vue, semblait épineux. Car enfin, si

Pietrasanta a indignement traité un si grand serviteur de Dieu, quel homme pouvait-il bien être lui-même ? Mais jamais Jésuite n'est longtemps embarrassé. Et puisqu'il semble difficile d'innocenter Pietrasanta persécuteur d'un saint, eh bien ! faisons de lui, malgré les apparences, le premier panégyriste de sa victime. Telle est toute l'adresse de cette impudente brochure : *Sentimenti e fatti del P. Silvestro Pietrasanta della Compagnia di Gesù in difesa di S. Giuseppe Calasanzio e dell'ordine delle Scuole Pie. compilati... dal P. Giuseppe Boero* (Roma, 1847).

La conduite et les écrits du Jésuite seraient tout à l'honneur du Saint !

Seulement il ne suffit pas, pour convaincre le public, d'affirmer une énormité ou de peindre le monde à l'envers. Il faudrait prouver une thèse aussi inattendue. Le P. Boero épuise à ce métier les tours les plus adroits du vieux sac de sa Compagnie.

Or, au fond, que reste-t-il ? Tout juste trois lignes du Jésuite prévaricateur.

Au cours du seul de ses Mémoires officiels qui nous reste, dans l'impossibilité de contredire à la voix unanime des contemporains, ce n'est pas même un chiche éloge que Pietrasanta accorde à la sainteté du vieux Père Général. Il s'abstient seulement d'ajouter l'injure personnelle à sa demande de dispositions infamantes pour le gouvernement passé du fondateur. Et c'est tout. Voilà les « sentiments » du Visiteur « à la défense » de sa victime. Quant aux « faits », ils sont autrement éloquents, nous le verrons bientôt, mais en sens contraire.

Ainsi toute sa bienveillance, au cours des différentes pièces qu'on a de lui, se réduit à cette unique phrase, arrachée non à sa conscience, mais à sa préoccupation de consacrer la situation d'un complice :

Il est désirable, pour la commune satisfaction de l'Ordre, que le Préposé général soit réintégré dans sa charge, en lui donnant un vicaire, en considération de son âge de quatre-vingt-huit ans.

C'est-à-dire qu'il règne, si l'on ne peut faire autrement; mais qu'il ne gouverne plus : et imposons-lui, comme lieutenant, l'indigne et le traître qui nous livrera son œuvre.

Que le P. Boero se contente de ce maigre scrupule de son héros, cette facilité ne prouve qu'une chose : c'est qu'à la place de Pietrasanta, il eût sans doute agi de même, par ordre, en s'estimant bien généreux.-A quoi bon se donner tant de peine pour l'avouer ? Nous nous en doutions.

4. — *Une brochure anonyme.*

Timon-David eut tort, sans doute, malgré l'explication qu'il en donne, d'avoir ignoré Boero. Il eut du moins le mérite, dès qu'on lui signala cet ouvrage, de recourir plus attentivement aux sources originales pour y contrôler le sentiment de Talenti qu'il avait d'abord adopté de confiance ou à peu près. Le résultat de cette confrontation fut accablant pour Pietrasanta. Mais l'auteur ne crut pas utile d'insister dans sa publication déjà en cours. Il aurait volontiers mis au feu et refait en entier le tome II de sa *Vie de Saint Joseph Calasanct*, si la vérité lui en avait

fait un devoir ; mais ce grand honnête homme ne
vit pas la nécessité de modifier ou d'annoter son
ouvrage pour nous dire seulement que Boero ne
l'avait pas fait changer d'avis. Encore une fois,
il n'était pas un savant avant tout, ni un polémiste, mais un homme d'œuvres. On peut donc
trouver aujourd'hui que son information manque de précision et d'étendüe ; il semble avoir
peu de goût pour ce pesant appareil à la mode
de références et de textes, dont après tout il
eût pu s'offrir le luxe comme tant d'autres. Il
appartient à la vieille tradition hagiographique
plutôt qu'aux méthodes nouvelles. Mais la droiture est de toutes les écoles et de tous les temps.
Timon-David est droit.

La Compagnie, elle, est tenace. Elle ne lâ-
chera jamais tout à fait son Pietrasanta ni son
Escobar, pas plus que son La Chaise ou son
Molina. A ses yeux, chacun de ses membres fidèles, même le plus compromis, est des « Nôtres »
pour l'éternité. Elle ne pouvait abandonner
Pietrasanta ni laisser Boero sans écho, même
devant le silence du placide chanoine de Marseille. Un des « principaux » de la Société, demeuré anonyme pour le public, sinon pour son
interlocuteur, le régala donc d'une pièce qui cou-
rut longtemps, manuscrite, avant d'être imprimée : *Le Père Pietrasanta, Rectification historique par un Père de la Compagnie de Jésus.*

Ce n'est qu'une adaptation de Boero à la
nouvelle *Vie* de Saint Joseph Calasanz. Réplique généralement assez courtoise, non sans accès
d'impertinence; elle se termine par une véritable sommation :

Le vénérable historien... ne se croira pas provoqué
(par cette défense de Pietrasanta) à une controverse

sans utilité pour qui que ce soit ; et la question restera
en France au point où l'avait laissée en Italie la disser-
tation du P. Boero.

En d'autres termes, moins couverts : « Silence
dans les rangs ! Et que le dernier mot reste partout et toujours à la Compagnie ! Sinon, gare
aux représailles. Personne n'aura à s'en féliciter. »

C'était un ultimatum, la rupture annoncée à
l'ancien dirigé de Fribourg.

Et le chanoine Timon-David était un esprit sans aigreur. Assujettissant sa barrette contre ces traits irrités de la Muse jésuitique, il
continua de se taire.

Cependant la Compagnie, sûre d'avoir écrasé,
sous le poids de son autorité, un adversaire si
peu armé des diplômes, des appuis et des façons
du jour, eut le tort de le croire muet parce qu'il
n'aimait point les querelles. Elle abusa, comme
à l'ordinaire, de sa victoire.

En même temps qu'elle livrait à l'impression
la brochure anonyme, en juin 1890, dans les
Etudes, le P. Desjardins se précipitait à son tour
sur le vaincu pour l'achever. *Tue !* avait dit
l'anonyme, et la pétulante revue répondait : *As-
somme !* Sans gants, cette fois, et sans façon, elle
réduisait à peu près en miettes ce « bon abbé Timon-David », plus ou moins convaincu de bêtise
ou de mauvaise foi. Ainsi traite-t-on volontiers,
dans la Compagnie, même les « vénérables historiens » et les « chers amis » qu'on a fini par croire
aphones.

Heureusement Timon-David ne l'était pas encore tout à fait et répliqua de fort bonne encre. Sa « *Réponse du chanoine Timon-David*

à la brochure intitulée : LE PÈRE PIETRASANTA, *etc...* » a paru à Marseille, chez Chauffard, libraire, rue des Feuillants, 20, au millésime de 1890. Nous en conseillerions vivement la lecture, si nous croyions encore possible de la trouver dans le commerce (1).

Non pas qu'elle respire, à la suite de ces incidents, la moindre animosité contre les Jésuites. Ce saint prêtre ne peut se résoudre à s'en prendre à ses anciens maîtres. Il a choisi seulement pour épigraphe ce passage d'une lettre de l'admirable Belzunce à Joachim Colbert, évêque de Montpellier, datée du 15 janvier 1730:

> Je les aime et les estime (les Jésuites), je le déclare sans peine ; mais cela ne va pas jusqu'à leur être livré ou à autoriser toutes les opinions et encore moins les fautes de quelques particuliers de la Compagnie.

Ce qui n'est pas, en somme, d'une animosité bien farouche, ni même d'une vue très avertie. Car si les Scolopes sont les premiers à dénoncer leurs Marios et leurs Stefanos alors que la Compagnie s'acharne envers et contre tous à sauver ses Pietrasantas, c'est la preuve qu'évidemment la question déborde les particuliers et qu'elle se pose pour tout le Corps, qui se rend ainsi solidaire de ses membres les plus gangrenés.

Au P. Boero, à l'anonyme et au P. Desjardins, Timon-David répond d'ailleurs en bloc; car le second n'a guère fait que copier le premier, et le troisième plagie les deux autres. Ce ne sont pas trois unités, comme écrivains; ils représentent les trois vagues d'assaut de la même troupe de choc.

(1) Nous en donnons quelques extraits en appendice.

Au P. Boero, il faut faire remonter, d'une façon particulière, la belle invention d'un Pietrasanta défenseur de sa victime ; quant à l'anonyme, voici maintenant la brève analyse de ses moyens.

Plus jolie plume que Boero, il fait vanité surtout de ses talents de logicien ; et, pour mieux esquiver la série écrasante des faits, il la remplace par une cascade de raisonnements *à priori*.

Timon-David s'était contenté d'exposer impartialement les coupables actions du Visiteur.

— Pardon, répond imprudemment Escobar, je veux dire l'anonyme, accourant au secours de Boero que personne ne s'avisait d'attaquer. Quelqu'un qui se serait livré, contre Saint Joseph Calasanz, aux actes barbares que vous dites, nul en effet ne songerait à l'innocenter. Or, Pietrasanta fut, lui aussi, un saint véritable. On ne saurait donc en croire vos accusations certainement passionnées.

Quel piètre syllogisme ! Et comme son auteur déraisonne intrépidement ! Cependant une construction toute verbale de l'esprit de parti ne saurait prévaloir contre les choses. Il faudrait, certes, que la sainteté de Pietrasanta fût d'abord mille fois prouvée pour entraîner *in casu* un véritable préjugé d'innocence et nous contraindre à reviser avec des précautions nouvelles un procès aussi clair. Or, l'anonyme n'insiste guère que sur la bonne foi du Visiteur, d'après les avocats du procès de béatification. Quant aux autres vertus de Pietrasanta, il nous renvoie, sans un témoignage contemporain, à trois ou quatre entrepreneurs d'encyclopédies que nous retrouverons plus tard : car il nous suffit de donner ici une vue cavalière de la controverse, pour en écarter d'abord les détails trop particuliers ou parasites. Il sera plus facile ensuite de grouper nos réponses à quelques-unes des objections les plus sérieuses ainsi hasardées, confirmées ou reprises par nos trois Jésuites en ordre dispersé.

Le troisième n'ajoute guère, du reste, qu'un panache belliqueux à la panoplie de ses prédécesseurs.

5. — *Un article des* Etudes

Au syllogisme de l'Anonyme, le P. Desjardins des *Études* commence, en effet, par mêler le sel de quelques sarcasmes. Dans cette revue, véritable « entreprise d'encensement mutuel », comme le notait déjà Timon-David avec un sourire, tout Jésuite ancien ou moderne fait loi. *Magister dixit* ! Brucker lui-même y passe pour un maître aux yeux du P. Dudon. Par contre, on n'y est pas tendre pour l'étranger, l'*hostis*, ou pour les dissidents à l'égard du suarézisme, comme Son Eminence le cardinal Billot (1).

(1) Cf. l'article du P. Jules Lebreton, S. J., sur l'œuvre théologique du Cardinal Billot, à l'occasion de son élévation à la pourpre (*Etudes*, 20 nov. 1921, p. 521). Non content des flèches qu'il décoche à plein carquois contre la métaphysique de l'éminent professeur au Collège romain, comme trop exclusivement spéculative et teintée d'archaïsme, cet aimable confrère lance ce trait du Parthe : L'enseignement trop étroitement thomiste et conforme aux directions pontificales de ce théologien, infidèle à la tradition éclectique de la Compagnie, pousse ses disciples d'esprit plus critique au modernisme :

« *Nul, que je sache, n'abandonna la métaphysique du P. Billot pour celle de Suarez ou celle de Billuart. Quelques-uns, il est vrai, la quittèrent pour passer à un idéalisme radical : Tyrrell*

Le P. Desjardins commence par accuser Timon-David, cet écrivain si circonspect et qui n'a parlé de la Compagnie qu'avec tant de retenue, d'avoir insulté le Pape, le Sacré-Collège, la prélature et les Congrégations romaines, en prenant contre tous le parti de Calasanz. C'est se faire adroitement bien des amis et mettre, à ce qu'il croit, Pietrasanta « en bonne compagnie ». Pour le reste, il se contente d'exagérer à son tour avec une verve déconcertante de paradoxe les fausses conclusions de Boero. Il ose se plaindre que soient fermées aux érudits les archives du Collège nazaréen des Ecoles pies. Ce qui est faux et semblerait, au surplus, assez mérité lorsqu'on réfléchit à quel point les archives du Gesù sont défendues contre la malsaine curiosité des Externes.

Mais n'importe ! Ce qu'il convient encore une fois de souligner dans son article, c'est la vivacité, la verve, la passion de cette controverse, à propos d'une querelle qu'on pouvait croire éteinte depuis longtemps. Ainsi, même en 1880, parce qu'il a pris le parti des Scolopes, le « vénérable » chanoine Timon-David, en personne, ne saurait plus avoir, aux yeux de la Compagnie, ni honnêteté ni talent ; et les Jésuites de nos jours le traitent en pirate de haute mer, destiné à décorer les plus belles vergues de leurs croiseurs chargés de cette police.

a assez souvent rappelé lui-même qu'il reconnaissait alors le P. Billot pour son maître ; il serait souverainement injuste d'imputer la défection qui suivit à l'influence de cette métaphysique, la plus fermement dogmatique qui soit. Tout au plus pourrait-on regretter que cette métaphysique ait négligé de prendre contact avec la philosophie contemporaine, et plus particulièrement avec la psychologie religieuse. »

Est-ce assez perfide et — plus particulièrement — «jésuite »?

Le tout, afin de démontrer, sans doute, avec plus de vigueur, que ces « bons Pères » sont les grands champions de la paix

Boëro l'avait insinué déjà :

J'espère, écrivait-il, faire, en outre, une œuvre agréable aux Pères des Ecoles pies, en montrant au public combien il est faux qu'il y ait eu autrefois et qu'il y ait encore aujourd'hui une animosité quelconque entre leur Ordre et la Compagnie de Jésus. Un tel sentiment n'a jamais existé.

Il n'a jamais existé, évidemment, entre Jésuites et Scolopes, ni entre Jésuites et l'Oratoire, ni entre Jésuites et missionnaires d'autres Ordres au sujet des rites chinois et malabares ! La Compagnie a toujours chéri et tendrement traité le Saint-Siège, les Evêques et tous les autres Ordres religieux. Il ne manquerait plus à la thèse du P. Desjardins, pour la couronner, que cet incroyable défi à toutes les données historiques comme aux témoignages les plus solennels des Souverains Pontifes !

Le malheur est que les *Etudes* et les apologistes de la Société ne savent jamais lancer ces douceurs qu'en redoublant d'outrages, même à l'égard des contradicteurs les plus modérés. A l'encontre de leurs propres arguments, leur rancune est la plus forte et les pousse à l'invective. Dans ces sommations violentes à la concorde, tout jusqu'à : je vous aime, se dit haineusement.

Au « bon », au « vénérable » abbé Timon-David, le P. Desjardins va jusqu'à reprocher d'avoir perdu un œil au service de Dieu. De quoi se mêle, ce borgne, en vérité ? Et quelle confiance accorder aux recherches de ce mal voyant ?

Oui, il est vrai, répond.Timon, à la suite d'excès de prédication que je fis à Rome en 1881, un épanchement dans la rétine m'a fait perdre un œil. Cela m'empêcha de corriger suffisamment les épreuves de la *Vie de Saint Joseph*, et c'est tout ce que j'ai voulu dire dans la préface. Mais cela ne m'a pas empêché de faire d'importantes recherches à Rome, à mon voyage de 1884, au moment de la mort du P. Boero. Que le R. P. Desjardins reçoive mes remerciements pour l'intérêt plein de commisération qu'il porte à mon œil. Celui qui me reste m'a suffi pour écrire depuis plusieurs ouvrages et pour lui répondre facilement aujourd'hui. Quel intérêt peut avoir l'avocat de Pietrasanta à le défendre par cet argument tiré de l'état de ma vue?

Eh ! le même intérêt qu'avait Pietrasanta lui-même à arguer de l'âge de Calasanz pour le peindre comme retombé en enfance. C'est une façon qu'ont les Jésuites de traiter ceux qui leur déplaisent. C'est le mode essentiel de leur charité.

Et tout au moins prouve-t-il une chose. C'est que Timon-David, comme Belzunce et tant d'autres, se trompe justement dans l'énoncé de sa thèse. Il ne voulait s'en prendre qu'à un Jésuite ou à quelques-uns; un reste d'attachement, de chers souvenirs lui fermaient encore les yeux à toute l'étendue de cette inexpiable guerre. Mais nous saurons ou oserons ouvrir tout grands les nôtres sur une lutte qui dépasse manifestement de toutes parts les moyens et les intentions privés. La chute des Scolopes, en particulier, demeurerait aussi incompréhensible que la rencontre entre Timon-David et les *Etudes*, si l'on voulait la réduire à une incartade de Pietrasanta ou du P. Desjardins. Derrière ces religieux, c'est leur Ordre tout entier qui transparaît, ordonne, dirige, garde durant des siècles au débat ce caractère persévérant, obstiné, qui par delà la courte mémoire et l'éclat passager des passions individuelles, témoigne de la vitalité d'un Corps, permanent dans ses doctrines et dans son esprit, dans sa constitution et dans ses mœurs.

Ce n'est pas un Jésuite qui a abattu Saint Joseph Calasanz et assassiné son Ordre; c'est la Compagnie qui, renouvelant ses coups, d'âge en âge, multiplie jusque sous nos yeux ses victimes.

Et voilà tout ce que nous ajouterons à notre tour — pour l'honnêteté et le profit de la controverse — aux piquantes découvertes de Timon-David.

CHAPITRE II

Histoire d'un Crime

1. LA JEUNESSE DE CALASANZ. — 2. LA VOCATION. — 3. EPREUVES. — 4. LA DÉPOSITION. — 5. RÉPARATION.

1. — *La jeunesse de Calasanz.*

Il nous faut résumer d'abord à grands traits la vie du principal personnage de cette histoire, en y accentuant seulement un peu les traits volontairement atténués par le « vénérable historien », malgré les provocations de ses contradicteurs, dans sa *Vie* et jusque dans sa *Réponse.*

Joseph Calasanz naquit à Peralta de la Sal, en Aragon, le 11 septembre 1556, d'une famille encore puissante qui se faisait gloire de remonter aux premiers rois d'Aragon. Son père était gouverneur de la ville, en faveur à la cour : et c'était le grand siècle de l'Espagne.

Charles-Quint venait d'abdiquer.

Philippe II commençait de régner sur l'Espagne ; et les Jésuites s'y établissaient à peine.

Mais le Saint était principalement destiné à

passer à Rome la plus féconde moitié de sa vie, et il devait y mourir quasi centenaire, ayant vu quatorze Pontifes se succéder sur le trône de Pierre au cours de ce temps surchargé d'histoire.

Cadet de grande maison, il eut une enfance innocente et pieuse que ses parents ne détournèrent pas trop d'abord de l'état ecclésiastique; et il fit très brillamment ses premières classes à l'Université de Lérida, où les étudiants navarrais l'élisent à quinze ans pour leur « prince ». Le 11 avril 1575, il reçoit la tonsure. A vingt ans, il est docteur *in utroque jure*. Il étudie la théologie à Valence, puis à Alcala, et enlève tous ses grades à l'applaudissement général. Déjà, il sollicite le sacerdoce; et tous les honneurs ecclésiastiques l'attendent. C'est, dès la première heure, un homme d'Eglise, remarquable par l'intelligence, le caractère, la fortune et les vertus.

Son aîné vient à mourir, et son père fait maintenant obstacle à sa vocation. Il faut l'épreuve d'une grande maladie et la crainte de sa mort pour que sa famille consente enfin à le rendre à Dieu.

Ordonné prêtre le 17 décembre 1583, il fait d'abord l'expérience des plus actifs ministères à la suite d'un évêque ami, don Figuera; mais à 32 ans, devenu orphelin, il partage entre les siens et les pauvres la plupart de ses biens. Son goût est pour la retraite. C'est à son corps défendant que son évêque lui confie encore les tâches les plus ardues. Comme vicaire général d'Urgel, il rend à l'Eglise et à l'Etat de tels services, que la reconnaissance du roi et la vénération des peuples l'appellent à l'épiscopat. Pour échapper à cette charge, qui épouvante son humilité, il achève de se dépouiller et s'enfuit à Rome, où il arrive en 1592.

Cinq ans, il y mène une vie obscure et sainte; d'une activité prodigieuse, d'une austérité incroyable, il multiplie les bonnes œuvres. Familier du cardinal Colonna, il devient le directeur spirituel de cette grande maison. Les miracles commencent d'éclater sous ses pas. Et l'on regrette un peu que ses historiens aient trop négligé de reconstituer pour nous le cadre pittoresque de cette vie de surnaturelle aventure, de situer d'une façon plus curieuse et plus vive cette carrière à part au milieu du fourmillement ecclésiastique de cette double Cour spirituelle et temporelle des Pontifes romains de la Contre-Réforme. Peinture trop vaste, que nous ne pouvons qu'indiquer ici, mais qu'il faut supposer sans cesse comme toile de fond à nos trop rapides croquis.

Il nous suffira de noter à quel point cette vocation très normale, ces dons complets de l'intelligence et du cœur diffèrent, dès l'abord, du génie mystérieux, de la figure pleine de contrastes violents, de lacunes et de paradoxes que présente cet autre gentilhomme du même temps et du même pays, Ignace de Loyola, demeuré le type légendaire du brasseur d'hommes, plutôt que celui de l'homme d'Église régulièrement formé et achevé.

2. — La vocation.

Cependant, comme membre d'une Confrérie de la Doctrine chrétienne, et devant le spectacle des rues de Rome livrées aux polissonneries d'une multitude d'enfants sans formation religieuse et sans maître, Joseph Calasanz avait fini par être surtout frappé du besoin d'instruction religieuse des classes populaires; et il cherchait en vain le moyen de leur être utile. Ses aumônes n'y suffisaient point : il y aurait fallu des écoles et des hommes. Il frappe pour les obtenir à toutes les portes.

Avec une admirable candeur, il s'adresse même à la Compagnie de Jésus, alors dans toute l'ivresse de ses premiers triomphes universitaires. Il envoie un Mémoire au Recteur du Collège Romain, qui naturellement se dérobe. Sans se décourager, Calasanz en appelle à Aquaviva, alors général des Jésuites :

Je ne doute pas, lui écrit-il, de votre volonté efficace; vous avez toujours devant les yeux *la plus grande gloire de Dieu*. Votre saint prédécesseur et patriarche, Ignace de Loyola, a vraiment été suscité de Dieu pour enseigner à la jeunesse les belles lettres et la piété ..... Or, les plus petits et les plus nécessiteux vous échappent. Il faudrait nécessairement établir pour eux une classe élémentaire dans le Collège romain.

Inutile d'ajouter qu'Aquaviva avait d'autres vues. La Compagnie se réservait de travailler longtemps encore dans l'aristocratique, et cette charge sans profit ne lui disait rien qui vaille. Nos « Pères » se rabaisser au rang de frères des Ecoles chrétiennes, fi donc ! Il y avait beau temps qu'ils s'étaient dégagés même du vœu imprudent d'enseigner aux petits les rudiments de la foi, que les fondateurs avaient fait entrer d'abord en première ligne dans leurs projets. A d'autres, les pauvres !

En désespoir de cause, il fallut bien que

Joseph Calasanz se résignât à fonder en personne, malgré ses scrupules, une œuvre qui manquait si cruellement à la capitale du monde chrétien. En 1597, il ouvre, avec trois compagnons, sa première École pie dans le presbytère de Sainte-Dorothée, et Clément VIII approuve cette première Congrégation.

Plus tard, en 1614, le saint tente humblement de la fondre avec un autre Ordre naissant ; puis Paul V lui redonne une autonomie nécessaire. Grégoire XV enfin, le 18 novembre 1621, lui accorde les vœux solennels, sanctionne le 31 janvier 1622 ses Constitutions et peu à peu lui concède tous les privilèges des grands Ordres.

Ainsi, ayant à 41 ans reconnu sa tardive vocation, le Saint, à 66 ans, la voyait, sans intrigues et sans ambition, couronnée par la sanction apostolique. Il n'avait guère ouvert encore, en 25 ans, que sept maisons à Rome et aux environs ; mais l'impulsion était donnée ; l'extension devait être désormais rapide, en Allemagne surtout, même à l'heure des pires épreuves. La fondation du Collège Nazareno pour les enfants pauvres des familles nobles achevait de consacrer la réputation universelle de l'Institut : et il ne devait pas sortir de cette célèbre École moins de 6 Vénérables, 41 cardinaux, 29 hauts prélats, etc... Les Pauvres Clercs réguliers de la Mère de Dieu des Ecoles pies prenaient rang, sans tapage, dans le monde catholique, parmi les institutions les plus méritantes.

Le premier généralat de Joseph Calasanz, au sortir des premiers tâtonnements et des premières attaques, se passa, d'ailleurs, de 1622 à 1627, sans incidents trop graves. Un premier

Chapitre général avait encore consolidé la situation du saint. Réélu Général pour neuf ans, il était en 1632 confirmé à vie dans sa charge par le Souverain Pontife; et le haut patronage du Saint-Siège le protégeait efficacement contre les basses manœuvres, les odieuses calomnies, la puissance de l'Ordre rival auquel cet éclatant succès portait ombrage. Ce n'est qu'à force de larmes que Calasanz, à plusieurs reprises, avait échappé à l'honneur de la pourpre romaine.

3. — *Epreuves*

De 1634 à 1636, se manifestèrent les premiers troubles. Les causes en sont faciles à découvrir, et Timon-David ne veut pas les développer toutes.

La première de ces causes est l'extension même que l'Ordre prend trop rapidement. Il en résulte, comme dans la Compagnie de Jésus, une décadence forcée du personnel. Malgré les réclamations du saint fondateur, les noviciats accueillent trop de sujets et poussent trop vite aux postes les plus délicats des maîtres au-dessous de leur tâche.

Le Chapitre général avait commis, en outre, une forte imprudence. Il avait accordé aux simples coadjuteurs non prêtres destinés au professorat, pour les distinguer des convers réservés aux travaux manuels, la tonsure et la barrette cléricales. Ce premier pas ne fit qu'exciter leur ambition. Un grand nombre rêva du sacerdoce, et bientôt le moindre frère lai se laissa emporter par le courant. D'éclatants exemples les poussaient dans cette voie. Ainsi les frères Ambroise Ambrogi et François Michelini, précepteurs de mathématiques à la cour de Florence, avaient réussi à se faire admettre aux ordinations, malgré la règle, grâce au crédit des Médicis. Ce fut le signal des réclamations les plus inconsidérées, auxquelles il était difficile de résister toujours, en raison de l'immensité des besoins et de l'importunité des puissants.

Encore cette effervescence eût-elle été facilement calmée, si le mécontentement, le trouble et l'opposition qui en résultèrent, parmi une infime minorité, n'avaient trouvé des chefs actifs, sans scrupules et disposant de puissants appuis.

Outre Michelini, le premier qui prit figure d'organisateur des résistances, fut un prêtre de Naples, Mario Sossi, auquel le Provincial, en 1630, avait donné l'habit, passé la quarantaine, en dépit des recommandations du Père Général.

Sans culture, sans talent, Mario n'était pas dénué, semble-t-il, d'une certaine activité et du don de l'intrigue; mais on ne vit jamais religieux moins exemplaire. A plusieurs reprises, ses Supérieurs saisirent dans sa cellule un véritable capharnaum de souvenirs ou un arsenal de petits cadeaux peu édifiants : mèches de cheveux et colifichets de dames, dont il ne put justifier ou la provenance ou la destination. De son confessionnal lui-même, il avait fait une sorte d'office, où abondaient les friandises, dont on ne sait si ce mauvais prêtre se faisait un régal ou un appât clandestins.

Quant à son incroyable fortune, elle eut l'origine la plus bizarre. Décrié parmi les siens et sans espoir de se relever jamais par ses services, il se trouvait à Florence, quand un hasard le

mit à portée d'exploiter, par un indigne abus
de confiance, que raconte en détail Timon-David (1), la confession d'une malheureuse pour
dénoncer à l'Inquisition une prétendue Académie, tenue par une certaine Fausta ou Faustina,
où de jeunes Toscanes de bonne famille étaient
entraînées à la débauche. Ce coup le sauva. Le
Saint Office ne voulut plus connaître que son
zèle ; et les résistances de ses Supérieurs à sa réha-
bilitation, grâce à la discrétion de Saint Joseph,
passèrent, aux yeux prévenus, pour une mauvaise volonté de l'Ordre à l'égard de l'Inquisition.

Celle-ci impose la nomination de Mario
comme Provincial de Toscane, indépendant du
Père Général et relevant directement du Saint
Office. Il en profite pour tout bouleverser autour de lui, exigeant à tort et à travers de son
Supérieur les mutations de personnel les plus
inopportunes, au nom de la Sacrée Congrégation.

Son insolence le fait expulser honteusement de la Cour de Florence par le Grand Duc;
et il en rend Calasanz responsable devant ses
protecteurs. C'est Saint Joseph qui, désormais,
de plus en plus, à Rome, passe pour indocile et
obstiné. Et quand Mario est rentré dans la Ville
Eternelle, en juillet 1642, et s'est vu saisir ses
papiers par ordre du Cardinal protecteur des
Scolopes, il arrive à convaincre Mgr Albizzi,
assesseur du Saint-Office, qu'il s'agit d'un attentat perpétré par ses confrères contre la Sainte
Inquisition universelle et romaine. Saint Joseph
est arrêté, avec toute sa curie généralice, en

____

(1) Voir appendice, p. 118.

pleine Rome, en plein midi, à l'énorme scandale du peuple. Et le malentendu se dissipe vite, mais non pas tout à fait. De plus en plus, Mario joue au persécuté, et le Pape le confirme solennellement dans sa charge de Toscane. Le Grand Duc se refusant à l'admettre, il demeure d'ailleurs à Rome, dans une situation équivoque : au ban de son Ordre pour ses meilleurs confrères, comptant parmi les principaux aux yeux de la Curie pontificale, et cherchant partout des complices.

Le pire de tous fut le P. Stefano Cherubini.

Celui-ci avait été des premiers à faire profession entre les mains de Calasanz, lors de la Congrégation Pauline, en 1617. Mais il était tombé, en compagnie de certains élèves, dans le vice le plus honteux, redevenu assez fréquent, hélas ! à cette païenne époque de la Renaissance, même dans la Compagnie de Jésus, comme en témoignent les lettres de Saint Charle Borromée. C'était pour ce misérable, à la suite du procès canonique ordonné par Calasanz, la prison ou même les galères. Mais sa famille était en faveur près du Cardinal François Barberini, neveu d'Urbain VIII. Sur les injonctions de l'Eminence, la procédure est suspendue, et l'inculpé de la veille devient Procureur général de sa Congrégation. Il retourne à Naples tout puissant, retombe dans son vice infâme et, déposé de sa charge le 13 avril 1632, n'a plus pour se sauver d'autre ressource que d'allier sa cause à celle de Mario, également désespérée, pour renverser le pouvoir de Calasanz qui tient en laisse leurs mauvais instincts.

Ces deux coquins font appel de toutes parts

aux mauvais sujets, à la conjuration des passions mesquines. Ils promettent aux Frères en mal d'ordination leur appui. Ceux-ci se montrent de plus en plus exigeants et ingouvernables. Sous prétexte d'études et de formation ecclésiastique, ils se refusent à leur office propre. Au témoignage du provincial de Milan, ce sont désormais les professeurs prêtres qui font la cuisine et servent au réfectoire, pour ne pas distraire MM. les Convers de leur précieuse préparation au sacerdoce.

Mais surtout il est une complicité plus haute, aux ramifications sans fin, qui souffle, entretient et pousse ce feu qui couve dans toute la Péninsule; et c'est là que le chanoine Timon-David n'a pu insister. Il tenait, par attachement et gratitude, à ménager la Compagnie de Jésus. Les anciens auteurs ne la nomment jamais, et le temps manquait au nouveau biographe de Calasanz pour entreprendre de difficiles recherches. Toutefois, il est facile de voir que le vaste complot, monté contre l'Ordre déjà si puissant des Scolopes et contre un Saint universellement vénéré pour ses héroïques vertus et ses miracles quotidiens, n'a pu réussir du seul fait de deux ou trois dissidents disqualifiés et de quelques Frères plus ridicules que méchants. Évidemment le *Deus ex machina* est ailleurs. Il fallait qu'il eût pied près du Souverain Pontife et dans toutes les Provinces, au sein des Congrégations et dans l'ombre des confessionnaux, qu'il pût assurer aux coupables l'impunité, des armes, l'appui des autorités supérieures. Sans quoi le drame devient absurde, l'issue sans explication plausible. Il manque le mot de l'énigme posée par l'histoire; le person-

nage central, qui fait jouer tous les ressorts de
la machination, demeure invisible. C'est à peine
si l'on devine, ici et là, l'ombre de sa main.

Il n'y a pas de génération spontanée, ni de
décomposition ou d'anarchie sans agent, dans
un organisme sain. De ce désordre général de
l'Ordre fondé par Calasanz, qui épargne à
peine les Piaristes de Pologne et d'Allemagne
il faut donc chercher l'agent responsable. Et cet
agent, pour la plus grande part, c'est manifestement la Compagnie de Jésus. C'est l'esprit
universel de contention et d'envie qu'elle dé-
ploie dans tous les pays contre les établissements rivaux. L'émulation chez elle tourne
à la haine. Elle guette les moindres défaillances,
grossit les bruits malveillants, les grou-
pe de toutes parts et les porte, avec violence,
tantôt au tribunal aveugle de l'opinion, tantôt
devant les juges autorisés. Elle fatigue et indis-
pose ceux-ci, en attendant de les convaincre. A
l'affût de l'heure favorable, tantôt elle diffère,
tantôt elle précipite les plaintes, empoisonne les
soupçons, enrôle les plus ignobles comme les
plus illustres partisans. C'est un mot d'ordre,
ou, pis encore, le jeu spontané de l'instinct
parmi la multitude de ses sujets; et les Supérieurs
majeurs manifestement laissent faire; ils encoura-
gent, ils utilisent ces passions des « Nôtres ».
Coordonnant les efforts, ils leur donnent enfin,
par leurs affiliés en place, la forme juridique,
autorisée, qui en assurera le succès contre l'ennemi. Tous les moyens leur sont bons : même les
pires alliances et la subornation des plus hauts
officiers de la triple Couronne.

S'ils s'abouchent, en effet, avec un misérable comme Mario, et s'ils le poussent à supplan-

ter son saint Général : c'est un calcul à première vue bien chanceux. En réalité, ils jouent à coup sûr. Que le coquin gagne la partie, et par lui ils auront détruit l'adversaire; que ce vil instrument échoue avant le terme fixé, les Jésuites seront les premiers à le dénoncer, à le bafouer, à faire retomber sur la Congrégation la honte de ce membre gangrené.

Quant aux Frères, la Compagnie peut prévoir d'autant mieux le parti qu'elle saura tirer d'eux que ses fondateurs à elle l'ont préservée plus rigoureusement de ce danger : car les Constitutions des Jésuites sont formelles à l'égard de leurs coadjuteurs temporels. On ne doit pas même leur permettre d'apprendre à lire ou d'acquérir aucune connaissance nouvelle, de peur qu'ils ne soient tentés d'envier une autre condition. Les Scolopes n'ont pas su profiter de l'expérience. Tant pis pour eux ! on exploitera les troubles qui sortiront de là, sans leur en proposer le remède (1).

---

(1) Les Jésuites, sous ce rapport, avaient su prendre leurs précautions et tenaient la main à l'observation de leur règle avec rigueur.

« Coadjutor temporalis... non curet ulla ratione a statu Coadjutoris temporalis in statum Spiritualis vel Scholastici aut Professi progredi ; nec etiam (si in suo eodem maneat) plus litterarum addiscere quam sciebat cum est aggressus curet ; sed perseverare magna cum humilitate debet, in omnibus Creatori ac Domino suo juxta primam suam vocationem inserviendo. » *Examen generale,* cap. VI, par. 6.

« Qui sic dispositus cerneretur ut videretur diù in externis ministeriis non esse conquieturus eo quod ad studia vel ad sacerdotium affectus cognosceretur, non esset in coadjutorem temporalem admittendus. » *Const. Prima pars,* cap. II, decl. B.

Ces dispositions peuvent aujourd'hui paraître sévères. l'expérience a montré partout combien elles étaient habiles. Encore les Jésuites avaient-ils un moyen radical de maintenir dans

Un défaut de constitution intestine, quelques traîtres, un troupeau trop vite grandi, tout alentour la meute des renards et des loups : c'est assez désormais pour ruiner la plus magnifique entreprise.

4. — *La déposition.*

Un second Chapitre général se tint le 15 octobre 1537, et prit quelques mesures. Mais l'agitation souterraine, calmée sur un point, reprenait ailleurs. Mario, toujours Provincial par la grâce du Saint-Office, Stefano hier encore Procureur général par Bref du Pape, Ambrogi représentant des Convers près la Cour pontificale contre le gré de son Ordre : c'est l'anarchie par en haut, organisée en dehors de toutes les règles du droit canonique, grâce à d'incroyables appuis.

Ceux qui ont provoqué ce désordre se hâtent de le peindre irrémédiable; ils en accusent leurs victimes. Avec de feints respects pour son indéniable mérite, ils incriminent les 87 ans du Père Général. Ses facultés baissent, répète-t-on sous le manteau; et la malignité publique n'a garde d'en douter dans un si grand âge. Les conjurés proposent alors une visite, que la Curie généralice se hâte d'accepter comme le meil-

l'ordre leurs auxiliaires : par une exception unique sous l'ancien régime, la Compagnie s'était réservé le droit d'expulser, sans autre forme de procès, ses membres récalcitrants. Les Ecoles pies, qui n'avaient pas la même ressource, devaient d'autant moins s'exposer aux embarras inextricables que leur causa bientôt l'instabilité des situations dans l'Institut.

leur moyen de sortir de peine. Mais ce n'est pas une mesure si pleinement régulière que veulent les ennemis de Calasanz; c'est un véritable coup de force qu'ils ont préparé dans l'ombre.

Brusquement, le Général est suspendu de ses fonctions; ses assistants sont relevés. C'est Mario qui est, à leur place, nommé premier assistant et choisira à son gré ses trois conseillers. Stefano rentre en charge. A ces traits monstrueux, il n'est pas difficile de deviner l'instigateur du complot. Le prélat Albizzi, assesseur du Saint-Office, malgré son aveuglement à l'égard de Mario et son influence sur Innocent X, ne saurait lui-même avoir tant obtenu sans débat. Et l'on nous dit bien, par exemple, quel confesseur la toute puissante belle-sœur du Pape avait perdu; il serait intéressant peut-être d'apprendre qui l'avait remplacé.

Les conjurés ont d'ailleurs manqué leur coup, en dépit de tant d'illégalités révoltantes : le Visiteur, choisi en dehors d'eux, est personnellement un homme juste et droit, Don Agostino Ubaldini, somasque. En quelques jours, sa religion est entièrement éclairée; et son rapport rend aux uns et aux autres une éclatante justice. Seulement les cris de colère et de vengeance qui s'élèvent soudain autour de lui l'effraient, et il démissionne. Croit-on qu'il ait pris peur seulement de Mario ? Il était trop bien armé contre celui-ci. Une ombre autrement redoutable a paru de toute évidence dans les coulisses.

Et, dans les coulisses encore, c'est cette puissance secrète qui, en quelques heures, à la demande de Mario, contrairement à tous les usages de la prudence romaine, obtient la nomina-

tion d'un nouveau visiteur par simple billet de
Mgr Albizzi.

Cette fois, les monteurs occultes de l'affaire
ont pris le taureau par les cornes. L'on n'est jamais si bien servi que par les siens ! Pour exé-
cuteur des hautes œuvres de la Compagnie, rien
de tel qu'un Jésuite. Lui seul sera l'homme à
tout faire, *perinde ac baculus*, dans la main du
Vieux de la Montagne qui siège au Gesù, pour
assommer les Scolopes. Et sans doute ce choix,
scandaleusement délibéré et imposé, est un
aveu : il n'est pas une conscience droite qui ne
le récuse et ne le condamne. Mais n'importe !
Il témoigne d'autant plus haut de la volonté
de la Compagnie, de son audace et de son empire. Il affermira sa dictature par la terreur (1).

Le P. Pietrasanta, S. J. est donc nommé Visi-

----

(1) L'ouvrage le plus connu de Sylvestre Pietrasanta est sa
traduction latine de la *Vie*, en italien, du Cardinal Bellarmin,
composée par le Jésuite Jacques Fuligati, et publiée aussi en
français par le jésuite Morin. Pietrasanta était alors à Cologne,
à la suite du Nonce apostolique, et son édition, conformément
aux désirs de l'auteur et du Général Aquaviva, comporte des
additions et des retouches, qui sans doute échappèrent de si
loin à l'attention des reviseurs.

L'une d'elles, notamment, fit longtemps la joie des anti-
molinistes.

Le P. Sylvestre Pietrasanta aurait conté, au moins dans un
premier tirage daté de Liége 1626, que le Général avait obligé
les principaux Jésuites d'Italie à souscrire aux doctrines de
Molina, malgré leurs répugnances envers ces nouveautés :
*Repugnantibus omnibus patribus Societatis Jesu, Societatem
adegit ad novam opinionem ex unius hominis ingenio natam.*

A vrai dire, l'insistance de la formule étonne, et le seul témoignage qui reste de l'existence de ce passage est bien suspect.
Mais le texte original de Fuligati, la traduction Morin et les
éditions subséquentes les plus authentiques de Pietrasanta
sont presque aussi formelles :

« Quelques-uns pensèrent, a traduit Morin, que cette opinion

teur : et aussitôt, d'un bout à l'autre du monde chrétien, la nouvelle se répand avec la rapidité du télégraphe. Les Ecoles Pies consternées sentent passer le souffle de la défaite; les résidences des Jésuites retentissent de cris de triomphe. Les Cours s'émeuvent; les cœurs honnêtes sont consternés. C'est que le sentiment unanime prévoit trop le véritable caractère de cette mesure. Ce n'est pas un examen qui se prépare; c'est un attentat. Il ne s'agit déjà plus de jugement, mais d'une exécution. La partie la plus acharnée à la perte de Calasanz, dans ce monstrueux procès, a réussi à se faire livrer le Juste; l'arbitre, c'est le bourreau.

Quant aux modernes apologistes de la Compagnie de Jésus, ils peuvent bien, après deux siècles passés, reprendre en mains l'affaire,

ne serait pas soutenue de tout l'Ordre pour n'avoir été mise en avant que par un particulier docteur d'icelui ; mais les supérieurs ne la voulurent pas abandonner.

« *La qual lite*, avait écrit Jacques Fuligati, *se bene stimarono alcuni che per essere stata mossa contra un libro di un particolare non devesse esser' abbracciata da tutta la Religione, nondimeno i Padri superiori non vollero abandonnarla.*

« *Quam sententiam*, d'après Pietrasanta, *etsi aliqui, eò quod anius privati Scriptoris nata ex ingenio esset, minime censebant defendendam a Societate universa ; attamen ii qui tunc præerant aliter ipsi deliberarunt.* »

L'ensemble et la confrontation des textes les plus sûrs donnent ainsi des résultats assez clairs. La Compagnie a embrassé par ordre le molinisme ; et Pietrasanta, loin de s'en étonner, nous le narre sans même être tenté de rien déguiser de cette soumission générale de l'intelligence et du sens catholique à l'intérêt de la Compagnie. Evidemment il juge naturelle cette trahison de toute vérité supérieure au profit de l'aveugle esprit de corps. Ainsi devait-il agir, par conséquent, sans révolte, à l'égard de Saint Joseph Calasanz. Un ordre de ses chefs a suffi, il n'a pas eu plus égard à la sainteté d'un homme que ses prédécesseurs à l'auguste unité de la tradition doctrinale.

chicaner, tenter d'expliquer ou d'excuser sans fin : encore et toujours il leur faut écarter du débat la preuve par excellence, la plus immédiate, la plus générale, la plus frappante : cet accord universel, spontané, subit, des contemporains qui, en dépit de toutes les dénégations intéressées, impose à tous les yeux la constatation d'un fait d'évidence. Les Jésuites, après trente ans d'intrigues obscures et de mémoires calomnieux, ont enfin leur victoire et tiennent à leur merci l'Institut rival.

Non pas que Pietrasanta paraisse avoir été personnellement mauvais homme ou mauvais prêtre. Ç'eût été, pour la Compagnie, le comble de l'imprudence que de désigner un religieux suspect pour cette besogne périlleuse. Au contraire, elle l'a choisi le moins discutable qu'elle a pu. Il avait des connaissances, une réputation, une conscience. Mais il est Jésuite. Il doit l'obéissance passive à ses Supérieurs majeurs, en tout ce que la casuistique subtile de son Ordre permet de ne pas reconnaître, sans excuse, pour un péché évident. Il est possible qu'il lui en coûte de prendre certains moyens pour en venir aux fins de sa Société; il a dû souffrir le premier de s'associer, dans sa lutte contre un saint, des criminels publics comme Mario et Stefano. Mais sans doute, à ses yeux, l'obéissance justifie, tout, sanctifie tout. Ce n'est pas un brigand, c'est un mameluck (1).

Nommé Visiteur apostolique pour réformer au besoin l'Institut *tam in capite quam in mem-*

____

(1) Cf. MULLER (Hermann). *Les origines de la Compagnie de Jésus*, Paris, Fischbacher, 1898. Il s'agit surtout (c'est la partie la plus originale de l'ouvrage) des origines musulmanes de la Société.

bris, il ne visite rien. Avant d'être arrivé, son siège est fait. Trois ans durant, il coudoie sans l'interroger le chef renommé de l'Ordre qu'il est chargé d'abattre (1) ; il conclut sans même avoir entendu le saint fondateur, jusque là seul Supérieur responsable de l'Ordre, comblé des dons du ciel les plus éclatants. Procédure monstrueuse, sans précédent et sans imitateur ! Constitué pour arbitrer deux soi-disant partis qui s'entrechoquent, il n'a d'oreilles que pour les quelques chenapans qui l'entourent et avec lesquels il a traité d'avance ; tout son zèle n'est tendu qu'à étouffer les plaintes des religieux les plus autorisés et les plus fidèles à leurs devoirs, à réfuter de parti pris leurs admirables Mémoires, à réduire au silence les Provinces soulevées contre cet attentat criminel, à écarter de

(1) Voir *Réponse du Chanoine Timon-David...* (chapitre I, § VII. *Saint Joseph n'a pas été interrogé*) :

« Pietrasanta fut nommé Visiteur le 9 mai 1643, et, le lendemain 10, sans plus tarder, il commença sa visite. Que disait le bref de sa nom'nation ? Il devait faire sa visite dans le chef et dans les membres, *tam in capite quam in membris*, et, le bref ne l'eût-il pas dit explicitement, les convenances le réclamaient ; Saint Joseph devait être interrogé le premier. Le P. Ubaldini avait commencé par lui, le fondateur, le général ; son rang, son âge, le rôle qu'il jouait dans la Congrégation l'exigeaient ; c'était lui, surtout, qui était en cause. Ses ennemis l'accusaient d'être un vieillard imbécile, tombé dans l'enfance : était-ce vrai ?

Eh bien ! voilà la plus inconcevable faute de Pietrasanta, et si vraiment il a été trompé, c'est qu'il l'a bien voulu ; il n'interrogea que très tard le P. Général, mais si tard que cela semble impossible. Nous en avons le témoignage :

1º De Saint Joseph lui-même, écrivant le 29 août, 3 mois 1/2 après le commencement de la visite :

« *Nous n'avons pas encore pu parler au susdit père Visiteur. (Ancora non abbiamo potuto parlare al P. Visitatore suddetto)* ».

Un an après le commencement de la Visite, quand l'Insl'oreille des chefs de l'Eglise l'écho impérieux de la voix des Princes, indignés de ce meurtre stupide et sacrilège. Au contraire, envers et contre tous, il maintient comme Vicaires généraux tyranniques Mario, puis Stefano, dont il ne saurait ignorer les crimes, afin d'étouffer dans la boue des adversaires qu'il serait impossible de tuer sans les déshonorer.

Il a été trompé, dira-t-on. C'est impossible. Mais supposons-le aussi naïf et aussi faible de caractère qu'il plaira. Cette histoire ne se passe

titut a déjà été tout bouleversé, ce fait étrange continue encore, car, dans le mémoire officiel présenté à la Congrégation des Cardinaux députés par les Scolopi indignés, et qui est transcrit mot pour mot dans les actes du procès, ils écrivent :

« *Cette suspension (du Général) dure depuis près d'un an, et il n'a pas encore été entendu* ».

Donc, au bout d'un an de Visite, le Visiteur n'avait pas daigné se renseigner auprès de Saint Joseph.

2° Pietrasanta dépose son rapport le 1er Octobre 1643, sans encore avoir vu Saint Joseph, car tous les auteurs contemporains affirment qu'il ne lui parla qu'à la fin de 1644. Déposer le rapport de sa Visite sans avoir vu le Général, lui Visiteur, *tam in capite quam in membris* !

Ce fait est encore plus inconvevable, pour qui connaît la maison généralice de Saint-Pantaléon. Qu'on y entre par l'église et la sacristie, ou par la grande porte de la place des Matelassiers, on aboutit toujours à l'escalier qui conduit à l'oratoire. Du côté de l'épître, à droite, en regardant l'autel, qui est aussi le côté des fenêtres, est la pauvre petite cellule de Saint Joseph, tandis que du côté de l'évangile est la sacristie éclairée par un vitrage sur le corridor de l'escalier. C'est presque tout le premier étage. Le Visiteur ne pouvait pas entrer dans cette très petite maison sans rencontrer Saint Joseph fréquemment, ou à l'église, ou dans la sacristie du rez-de-chaussée, ou dans les classes situées entre la porte d'entrée et l'escalier, car il ne sortait plus à cette époque de sa vie. Il devait probablement le saluer, je le suppose, mais au bout de deux ans c'était tout. Si c'est là un Visiteur impartial, un défenseur de Saint Joseph, je n'y comprends plus rien ; aucun texte du procès ne peut détruire cette impression. »

pas en Chine, comme tant d'autres, ou dans la lune. Elle se passe à quelques pas du Gesù, sous les yeux attentifs des Supérieurs : les yeux aigus de Vitelleschi et de son Conseil, plus politique que celui des Dix de Venise.

Qui croira que ces maîtres impérieux, partout aux aguets, si bien renseignés, n'ont rien su ni rien dirigé, au cours d'un conflit où se jouaient les intérêts les plus passionnés de leur ambition et de leurs vengeances ? Pour qui nous prend-on à notre tour, en tentant de nous cacher ces mobiles inavoués ?

Un Bref du 9 mai 1643 confirme donc les pouvoirs exorbitants du Visiteur jésuite; durant six mois, sous son nom, Mario est le maître absolu, bouleverse tout dans l'Institut, tient en tutelle et même en chartre privée son Père Général abreuvé d'outrages. Mais enfin la main de Dieu s'appesantit sur le Scolope prévaricateur : il est frappé d'une lèpre affreuse, où chacun voit un châtiment du ciel; et il meurt le 10 novembre 1643 dans une noire impénitence.

Il avait demandé pour successeur, à l'aveugle Albizzi et au complaisant Pietrasanta, son complice Cherubini : celui-ci prend effectivement sa place.

Une Commission cardinalice, qui doit juger l'affaire, confirme au misérable Stefano ses pleins pouvoirs. En vain, celui-ci scandalise Rome par le spectacle de sa mondanité, ruine la maison-mère par ses dépenses personnelles de luxe et de table; en vain, l'immense majorité de ses confrères protestent authentiquement contre la honte de cette élévation. Rien n'ébranle sa fortune. Partout l'on vante la sagesse et l'habileté de sa direction; c'est à lui qu'on fait honneur des progrès constants réalisés par l'Institut, en vertu de la vigoureuse impulsion reçue d'abord et en dépit de ces persécutions. Les contradicteurs sont rigoureusement brimés, diffamés, dispersés; Saint Joseph est quotidiennement outragé, privé de tout auxiliaire; sa correspondance est violée.

Pietrasanta, au milieu de ces mille incidents, dépose, semble-t-il, trois rapports. Le troisième, seul, nous est parvenu; plus un long Mémoire, qu'on lui attribue et que les premiers historiens Scolopes qualifient de *sanguinaire*. Le ton en est cependant modéré : on y voit, comme dans son rapport officiel, que le Visiteur tient à observer une réserve au moins relative, qui ne prête pas trop le flanc à l'indignation générale. Tout en vantant Stefano, il demande, sans autre hommage, la réintégration nominale du Père Général dans sa charge, afin de satisfaire au vœu de la majorité de ses religieux. Mais où tout le venin apparaît, c'est dans les autres mesures proposées plus ou moins ouvertement. L'Ordre ne sera plus qu'une Congrégation à vœux simples; que c'en soit fait pour lui des privilèges de « Religion », comme l'on disait alors, qui l'égalent à l'ombrageuse Compagnie. Qu'il se borne enfin à donner l'instruction primaire aux enfants du peuple : ainsi les Jésuites seront débarrassés d'un rival qui trop souvent les inquiète et, ici et là, menace de les supplanter. C'est la réforme la plus explicite que le Gesù impose à son agent d'exiger des Scolopes, dans la douce espérance de les anéantir ou de les assujettir à jamais.

L'esprit de rancune qui a inspiré ces conclusions est si manifeste que la Commission cardinalice, chargée de trancher en dernier ressort, penche finalement à rétablir toutes choses en leur premier état : car c'en est trop, et l'on abuse décidément de ses préventions ou de ses inquiétudes. Mais Innocent X, excité par d'obscures influences, loin d'approuver cette sage solution, dégrade de son propre mouvement les Ecoles pies comme Religion et, le 16 mars 1646, le Bref : *Ea quæ pro felici*, réduit l'Ordre à une sorte d'Oratoire pour les études primaires, sans lien entre ses diverses maisons soumises à l'autorité des Evêques et sans supérieur général. L'iniquité est consommée.

Le Saint se montre, jusque dans cette extrémité, d'une résignation héroïque. Il écrit seulement sous le premier coup du chagrin :

On dit [que cette manœuvre provient d'un autre Institut, car plusieurs d'entre eux, en diverses provinces, avaient annoncé la destruction de notre Ordre.

La plainte était discrète : car les preuves les plus convaincantes du complot affluaient entre ses mains, de la part de ses religieux répandus au loin, contre « ces bénis Pères, nos adversaires ». Mais bientôt, cette âme admirable ne veut plus parler que d'obéissance et de pardon.

Les Jésuites redoublent cependant d'efforts Ils prodiguent partout les bruits décourageants et vont jusqu'à faire les frais des sécularisations, poussant à un exode en masse plus de deux cents Scolopes. Calasanz, à 90 ans passés, se remet paisiblement à faire l'école aux petits, confiant à Dieu le soin de sa cause.

5. — *Réparation.*

Dieu ne meurt pas ! Au fond de cet abîme, sa main toute puissante commence de faire éclater l'innocence de son serviteur. La Compagnie, qui s'est crue maîtresse des destinées, n'achèvera pas sa proie. La vengeance du ciel s'appesantit sur les ennemis du thaumaturge.

Albizzi, Pietrasanta et Cherubini s'étaient chargés de rédiger les nouvelles Constitutions; mais le Pape, loin de les sanctionner, semble revenir peu à peu de ses préventions. Il avait fini, excédé par leurs accusations, par céder aux Jésuites ; il avait cru, dit Timon-David, leur devoir cette satisfaction, pour tant de services, vrais ou feints, bons et mauvais, qu'ils avaient affecté avec tant d'éclat de lui rendre contre le spectre janséniste. Il leur avait sacrifié par reconnaissance un Ordre « dont l'existence lui semblait incompatible avec la leur ». Mais sa conscience l'inquiétait parfois; ses yeux trop souvent avaient à s'ouvrir sur les agissements de cette servante-maîtresse qu'était devenue, dans la maison du Père, la Compagnie. Et les miracles que la Providence semblait multiplier comme une réponse sous les pas de Calasanz, le faisaient trembler d'avoir frappé un saint pour obéir au caprice de ces politiques.

Stefano, qui venait à peine de recevoir, en récompense de sa forfaiture, le rectorat du Collège Nazareno, se fait prendre à nouveau en flagrant délit de vices immondes : et le Pape doit l'exiler à Frascati. Les Cours de Pologne, d'Allemagne, de Toscane s'émeuvent d'une mesure qui les prive de leurs meilleurs maîtres d'école; et si elles ne peuvent encore obtenir satisfaction, du moins leurs justes représentations consolent les victimes, jettent le trouble parmi les adversaires, éclairent la religion du Pontife. En vain les Jésuites, se posant en héritiers de ceux qu'ils ont assassinés, tentent-ils de mettre la main sur les plus florissants collèges de Gênes, d'Ancône, de Savone et de Carcare : Saint Joseph réussit à y maintenir les siens. Le Père Pietrasanta, atteint , la pierre, se fait opérer et s'étant administré les jours suivants une dose trop forte d'opium, s'endort pour jamais le 6 mai 1647, sans repentir. Stefano demande la permission de rentrer à Rome quelques heures pour ses affaires; repoussé de partout comme un traître et un maudit, il prend à son tour la fièvre et la lèpre, et meurt le 6 janvier 1648, après avoir imploré le pardon de son Général. Déjà Ambrogi, sorti de l'Ordre, était mort misérablement en 1642, et d'autres l'avaient suivi dans la tombe, sous le fouet redoutable de l'Ange exterminateur. Cette « mort des persécuteurs » frappe d'admiration et de crainte les cœurs les plus prévenus.

Aussi lorsque Saint Joseph arrive, lui aussi, à l'heure prophétisée de sa fin, sa cause est déjà regagnée, même devant les hommes. Des prodiges incessants, une renommée de sainteté, qui laissent bien loin derrière eux les récits les plus enthousiastes de l'énigmatique vie de Saint Ignace, ont imposé à tous la vénération. Il meurt le 25 août 1648, entouré des siens, avec la sérénité d'un patriarche. Ses funérailles sont un triomphe au milieu du peuple de Rome. Une affluence sans précédent se presse devant son cercueil. Cette revanche de l'humble Calasanz est telle en un mot, que les Jésuites, affolés, perdent toute mesure. Ils surprennent, selon leur coutume, un ordre du Vicariat pour faire enlever la glorieuse dépouille, au grand scandale et à l'indignation de la Curie et des fidèles devant cet acharnement jusque dans la mort. Le sang coule par leur faute. Mais la gloire du Saint en reçoit un nouvel éclat. Sa tombe, à Saint-Pantaléon, sa cellule, ses écrits, son souvenir lui susciteront d'innombrables enfants.

Dès le 24 janvier 1656, moins de dix ans après sa mort, Alexandre VII restaure dans la forme ancienne son Institut par la Constitution *Dudum felicis recordationis Paulus Papa V*, en dépit des furieuses attaques renouvelées par les éternels jaloux; et il ne reste plus rien de l'ancien Bref d'abolition, — que le souvenir d'un précédent pour la rédaction tout autrement justifiée du Bref *Dominus ac Redemptor*. Sous Clément IX, l'Ordre reprend tous ses privilèges et tout son essor.

C'est au reste une des œuvres les plus nécessaires, les plus fécondes et les plus glorieuses, écloses au sein de la Sainte Eglise. Car nos vieilles et glorieuses Universités du Moyen-Age n'avaient besoin peut-être au XVIe siècle que d'une réforme, et tout au plus, si l'on veut, de l'infusion d'un sang nouveau ou de l'émulation d'une moins déloyale concurrence; mais l'instruction populaire, organisée sur une aussi vaste échelle, fut la création d'un grand cœur tout à Dieu; et nul n'a jamais soupçonné cette institution désintéressée d'avoir poursuivi ou réalisé aucun profit personnel pour ceux qui s'y dévouèrent. Les Ecoles pies ont travaillé à refaire de toutes parts la chrétienté, elles n'ont jamais visé nulle part à capter la faveur des grands ou à s'emparer obliquement du pouvoir. Elles ont procédé vraiment de la charité sans arrière-pensée politique.

Aussi, un siècle exactement après sa mort, le 18 août 1748, Benoît XIV proclamait bienheureux le fondateur des Clercs réguliers de la Mère de Dieu des Ecoles pies; Clément XIII, le dernier protecteur des Jésuites d'Ancien Régime, le canonisait le 16 juillet 1767. Et l'on nous objectera sans doute que Pie VII aussi a rétabli la Compagnie de Jésus, sacrifiée par Clément XIV à l'animadversion de la Maison de Bourbon qui, pour l'avoir trop employée, avait fini par redouter son influence. On ne voit pas cependant qu'il ait été jamais question d'élever le médiocre Ricci sur les autels. On ne rencontre, dans l'histoire de la suppression des Jésuites, ni Mario, ni Stefano, ni Pietrasanta. Un parallèle prolongé entre ces deux histoires en ferait plutôt éclater les contrastes. Ceux-mêmes pour qui la suppression de 1774 fut une erreur de la Papauté ne peuvent dissimuler que l'extinction des Scolopes fut un crime de la Compagnie. Et si pareil forfait avait jamais été perpétré contre celle-ci par un Visiteur des Ecoles pies, le monde retentirait de ses anathèmes contre les Scolopes. Elle a réussi, certes, à diffamer pour de moindres griefs les plus hautes mémoires.

Et il n'est pas de marque plus éclatante de la sainteté hors pair de Joseph Calasanz et des mérites immenses de son glorieux Institut, que celle d'avoir échappé aux calomnies et aux coups de cet *accusator fratrum* tout puissant.

C'est vraiment un jugement de Dieu.

CHAPITRE III

Autour du Procès

1 PIETRASANTA FUT-IL UN SAINT ? — 2. LA BONNE FOI
DE PIETRASANTA. — 3. TROUBLES DANS LA COM-
PAGNIE. — 4. HOSTILITÉ DES JÉSUITES CONTRE LES
SCOLOPES. — 5. RESPONSABILITÉ DE LA COMPA-
GNIE.

1. — *Pietrasanta fut-il un saint ?*

Ce simple récit se suffit peut-être à lui-même.
Il pose du moins nettement le dilemme. Entre
Calasanz et Pietrasanta, il faut choisir : et le
choix désormais est facile.

Nous n'avons plus, par conséquent, qu'à reproduire ici, en les complétant sur le point le plus
délicat, les raisons qui ont dicté sa brochure à
Timon-David ; car, déjà, il n'est plus question de
mettre en cause la grande figure de Saint Joseph.
L'éclat de ses vertus s'est de tout temps imposé
même aux pires ennemis qui voulurent un moment calomnier en lui le fondateur imprévoyant
ou le directeur vieilli d'une grande œuvre ; sa ca-

nonisation a mis fin à toutes les incertitudes. Au surplus, le succès persévérant des Ecoles pies témoigne, après trois siècles, non seulement de ses vertus, mais de son génie.

Et c'est assez pour accabler la mémoire de Pietrasanta. Car un religieux, que sa formation, sa règle et les fonctions dont il fut honoré ne permettent pas de supposer sans lumière, n'a pu se tromper à ce point sur une si grande figure.

On s'explique les méprises de l'assesseur Albizzi, plus tard cardinal, qui multiplia les amendes honorables dès que lui apparut la vérité. Accablé d'affaires, trompé par une erreur initiale, il a malheureusement confié à des indignes le soin de suivre en son nom l'enquête; et le Pape, dont il a mérité à tant d'autres égards la confiance, s'en est trop remis à ses rapports. La bonne foi de ces hauts personnages n'est pas douteuse, et l'Eglise a pu faillir ici, sans la moindre atteinte à ses prérogatives : ce n'est qu'un acte de son gouvernement. Il ne s'agissait ni de dogme ni des principes de la morale. Mais Pietrasanta, chargé de régler directement et personnellement le problème disciplinaire, est inexcusable de n'avoir su ou voir ou dire la vérité.

Or, pour faire contrepoids à son inintelligence ou à sa forfaiture, qu'est-ce donc que ses défenseurs jettent dans la balance ? Quels miracles ? Quels traits extraordinaires de courage ou de conscience ? Moins encore, quels témoignages contemporains de vertu moins banale que la commune régularité de la vie religieuse ? Aucuns.

Le Jésuite anonyme, qui s'est targué de répondre à Timon-David, ne trouve lui-même rien de mieux à opposer à cette carence qu'une rapide mention consacrée à Pietrasanta par le P. Southwell dans sa Bibliothèque des écrivains de la Compagnie de Jésus, une notice de Janus Nicius Erythræus, le P. Faure et le P. Logomarsini. C'est ridicule ! Car quelle autorité représentent Logomarsini, Janus Erythræus, le P. Faure et le P. Southwell, en face des innombrables témoins des tribulations de Joseph Calasanz !

Le P. Southwell, dont l'illustration n'a guère franchi le cercle d'ombre ou de pénombre de sa Compagnie, est un Jésuite de deuxième ou troisième zone. Sa caution vaut à peine la référence qu'on ferait aujourd'hui, en matière scientifique, à un *lapsus* du Larousse. Et l'anonyme a vraiment bonne grâce lorsqu'il ose se plaindre que le chanoine Timon-David, dans sa *Vie* de Calasanz, s'en soit rapporté un peu trop aux premiers biographes scolopes : car, même en le flanquant de Boero, Southwell ne fait guère qu'un Jésuite anglais, plus un Jésuite italien : c'est-à-dire, en tout, deux Jésuites, et non contemporains des faits.

Quant aux PP. Faure et Logomarsini, — cela fait quatre Jésuites, — leurs écrits sont perdus, d'après les subtils avocats qui invoquent leur déposition : ce qui nous dispense peut-être de contester leur autorité.

Reste donc Janus Nicius Erythræus, dont le sentiment semble plus explicite. Mais les multiples pseudonymes de cet auteur tiennent plus de place sur le papier que son ouvrage dans l'estime des érudits. Il s'appelait Victor Rossi; et Feller, un Jésuite encore cependant, dans son Dictionnaire biographique, avoue que la *Pinacotheca*, etc... aux sous-titres aussi encombrants que les faux noms de l'écrivain, est pleine de singularités et distribue sans discernement la louange et le blâme. Voilà encore une caution bien peu bourgeoise !

Enfin, pour en revenir au P. Southwell, le plus honnête de ces figurants, sa plume confraternelle est loin des hyperboles auxquelles on s'attendrait après l'appel triomphant fait à son témoignage :

C'était, dit-il, un homme d'une nature très douce (que ce Pietrasanta), merveilleusement affable, toujours prêt à rendre service à chacun, d'une grande érudition, s'oubliant lui-même et ne demandant rien à personne.

Il y a plus catégorique et plus chaleureux comme nécrologie, même pour d'autres morts que les Saints !

Les Jésuites. il est vrai, firent courir un moment le bruit, rapporte Timon-David, qu'ils avaient trouvé le moyen de résoudre cette affaire épineuse. Ils demanderaient, ni plus ni moins, à Rome, la béatification de Pietrasanta. *Audaces fortuna juvat !* Il leur a si souvent réussi d'oser ! Les parties sembleraient dès lors renvoyées dos à dos. A quoi l'un des Consulteurs de la Sacrée Congrégation des Rites aurait, dit-on, objecté, avec un sourire, qu'avant d'introduire la cause du fâcheux Visiteur, il faudrait d'abord expulser sa victime déjà canonisée du Paradis.

2. — *La bonne foi de Pietrasanta ?*

Au fond, ces plaidoyers maladroits n'ont d'autres résultats que de compromettre plutôt, au rebours des intentions, la réputation du Jésuite. Impuissants à établir sa sainteté sans répondant véritable sur la terre ni dans les cieux, ses compères n'exaltent assez gratuitement ses connaissances et sa pénétration que pour mieux accabler son caractère. Plus on nous vante l'étendue de son esprit, moins il est vraisemblable que deux éhontés scélérats l'aient pu leurrer, au poste de choix où la Curie pontificale l'avait placé pour tout voir, armé des moyens d'enquête les plus efficaces. Sa seule excuse serait de n'avoir été qu'un sot : moins obtus, il n'est pas possible qu'il ait donné dans un piège aussi grossier. Il faut nécessairement plaider pour lui coupable ou niais.

Aussi, plutôt que d'avouer sa faute, ses panégyristes essaient-ils subsidiairement, depuis Boero, d'obtenir au moins les circonstances atténuantes. Ils ramassent à travers les pièces du procès de Calasanz des bribes de plaidoirie en faveur de ce qu'ils appellent la bonne foi du Visiteur. Ils en appellent en un mot, contre les témoignages les plus accablants pour le bourreau, aux adresses ou précautions oratoires des avocats de sa victime.

Et il est vrai que ces officiers de la Cour pontificale ont ménagé autant qu'ils l'ont pu, au cours de ce procès retentissant, la mémoire de Pietrasanta : mais les raisons n'en sont pas difficiles à pénétrer.

Depuis un siècle, la cause traînait, en raison de l'opposition acharnée des Jésuites : il fallait éviter de transformer un débat sur l'héroïcité d'indéniables vertus et sur l'authenticité d'évidents miracles en un duel entre deux Ordres religieux, à l'heure où la Compagnie redoublait de susceptibilité à l'approche du châtiment.

Ces plaideurs habiles devaient s'abstenir, en outre, pour l'honneur de la Papauté, de soulever le problème historique que posait la suppression des Scolopes par le Saint-Siège. L'erreur d'Innocent X était sous-entendue : il ne fallait pas l'étaler. Et, pour ne pas faire rejaillir trop haut la tache d'un déni de justice, le mieux était d'en charger, sans débat, comme du péché d'Israël, les boucs émissaires les plus vils et les moins défendables. Le Promoteur de la foi, — celui qu'on appelle plaisamment l'avocat du diable, — avait trop beau jeu en opposant — et il n'y manquait pas, — à la béatification du Vénérable l'autorité très canonique du Visiteur, du Saint-Office, de la Commission cardinalice et du Souverain Pontife. Pietrasanta participait ainsi au pouvoir le plus légitime. L'attaquer de front, c'était inutilement soulever un conflit d'autorité, engager contre ses protecteurs un procès comme d'abus en marge du procès pendant. Des romains sont plus avisés. Ils jugèrent plus élégant et plus court de tourner l'obstacle, d'éluder d'un commun accord le scrupule ou l'objection, en supposant qu'à tous les degrés de la hiérarchie, sans scruter le secret des consciences, chacun avait été dupe : Innocent X d'Albizzi, les Cardinaux de Pietrasanta, et Pietrasanta comme Albizzi des deux malheureux, Mario et Stefano, universellement honnis désormais et châtiés de Dieu. Pris en flagrant délit, ceux-ci pourvoyaient à la commodité de la thèse; c'était la part du feu. Satisfaits de ce tour de chicane, les juges entendaient décider, sans plus, de la sainteté de Calasanz et non de la scélératesse de ses ennemis à tous les degrés de l'échelle. Tous glissèrent sur ce point scabreux avec une souplesse merveilleuse. Ils n'étaient pas là pour rechercher de vieilles culpabilités, mais pour ordonner la prochaine apothéose. La *combinazione* leur sourit.

Sans doute, parmi ces avocats précautionneux, nos Jésuites triomphent de découvrir Lambertini, dont l'autorité, en matière de canonisation est immense, sous le nom de Benoît XIV. Lambertini, en effet, intervint à presque toutes les étapes du procès de Joseph Calasanz. D'abord avocat de la défense, il plaida *pour*; nommé promoteur de la foi, il plaida *contre*, selon les devoirs de sa charge; mais celle-ci lui donnant voix délibérative à la Congrégation générale, il vota *pour*, et finalement, comme Pape, il eut la joie de décréter la béatification solennelle (1). Or, l'on voit bien comment cette décision en dernier ressort, engage son sentiment personnel quant à Calasanz; mais quant au détail, à peine effleuré en passant, de la bonne foi et des vertus de Pietrasanta, c'est trahir la pensée de Lambertini que de la tant presser sur ce point; et l'on tente en vain de couvrir une feinte de barreau de l'au-

(1) Lui-même rappelle à plusieurs reprises, ces particularités curieuses, dans son traité *De Servorum Dei beatificatione et Beatorum canonizatione* (Lib. III, c. XXX, n° 17) et dans le décret de Béatification *Coelestis Paterfamilias* du 7 août 1748, qui porte la signature du cardinal Passionel, l'irréductible opposant à la cause de Bellarmin. Benoît XIV est d'ailleurs très sobre et très réservé sur les persécutions subies par le Saint ; il traite seulement de son arrestation par le Saint-Office. Le décret de canonisation *Admirabilis sane omnipotentis Dei* de Clément XIII, en date du 16 août 1767, est beaucoup plus copieux et plus explicite à cet égard. Quant au P. Sylvestre Pietrasanta, le traité de l'illustre canoniste ne fait guère que mentionner son nom, à propos d'une curieuse remarque sur la conservation miraculeuse du corps des Saints et sur l'embaumement.

torité du Pontife. Celui-ci nous a laissé un copieux traité *De canonizatione sanctorum :* rien n'y justifie l'abus que les Jésuites voudraient faire ici de l'immense répertoire du procès de béatification de Calasanz, alors que, de l'aveu unanime des théologiens, une Bulle de canonisation n'a elle-même, dans sa partie historique, aucune prétention à l'infaillibilité doctrinale. *Scribitur ad ædificandum, non ad definiendum* (1).

Au surplus, depuis quand les plaidoyers des avocats ou le réquisitoire du Procureur font-ils partie intégrante d'un jugement, en dehors des attendus repris par les magistrats dans leur exposé des motifs ? Au tribunal de Clément XIV, les notes de Bernis et les Mémoires de Pombal ont plaidé contre la Compagnie et déterminé l'enquête d'où le Bref *Dominus ac Redemptor* est sorti. Nos « bons Pères » admettraient-ils qu'on tirât argument de ce que ces injurieux accusateurs ont gagné le procès, pour faire de toutes leurs articulations. paroles d'Evangile ?

Notons enfin à quel point les Jésuites se mo-

---

(1) C'est tout ce qu'il nous convient de répondre ici à l'incroyable abus que certains Pères de la Compagnie ont osé faire de la Bulle de canonisation de la Bienheureuse Marguerite-Marie (Cf. *Le Messager du Cœur de Jésus*, organe de l'Apostolat de la prière, janvier 1920, *En Marge d'une bulle pontificale*). Ils veulent y lire — et peut-être croient-ils y avoir mis — une réponse à notre brochure : *Le Message du Sacré-Cœur à Louis XIV et le P. de la Chaise*. C'est une bien vaine diversion. Nous avons posé un problème historique : si le Saint-Siège a jamais l'intention de le trancher d'autorité, ce dont nous doutons, il le dira sans ambage. En attendant, la question demeure, et nous la reposerons quelque jour sous une forme plus précise encore.

quent de nous. Car les avocats consistoriaux visent uniquement à faire reconnaître la sainteté de Calasanz ; ils seraient les premiers surpris de se voir prendre pour les défenseurs de la sincérité et des mérites du Visiteur. Sans doute, ils s'acharnent à écarter cette ombre importune :

Pietrasanta, disent-ils, montra Joseph exempt de toute faute ; il donna une très brillante preuve des vertus du Saint et de la candeur de son innocence; il fit tout son possible pour le rétablir à la tête de son Ordre; il l'exalta toujours en paroles soit pour empêcher sa suspense du Généralat, soit pour obtenir sa réintégration, etc...

Nous savons trop, hélas ! que cela n'est exact qu'à titre d'aveux fugitifs, de la part de Pietrasanta, pour mieux poignarder dans le dos les Ecoles pies. Mais, pour expliquer l'insuffisance de cet hommage, les artificieux avocats prennent soin d'insister à cent reprises sur le rôle de dupe que le Visiteur a joué entre les mains de Mario et de Stefano. Dupe au point que l'impression continuelle du lecteur est qu'ils le considèrent surtout comme un mannequin, sinon pis. Et leur pensée parfois leur échappe, avec la vivacité d'un soufflet :

« *Pietrasanta, si non laudem, veniam meretur* », dit l'un d'eux. Pardonnez-lui, si vous ne pouvez le féliciter !

Plus loin, le même plaideur explique que, s'il ne manquait à ce religieux ni une solide piété, ni la pratique des vertus de son état, ni l'esprit, ni la prudence ni le goût de la droiture, malheureusement toutes ces qualités se ternirent en lui lors de cette malencontreuse affaire :

Non deerat huic solida quidem et sincera pietas quo-

*libet exercitio virtutum exculta ; non mens, non consilium,
non rectitudinis amor...*

Et jusqu'ici c'est ce que le Père Anonyme
s'empresse d'opposer à Timon-David ; mais aussi
il se garde bien — ô *rectitudinis amor* ! — de citer la suite.

*Sed cuncta hæc quodammodo decoloravit mutatum
Religionis regimen, imperiumque translatum decretis
S. C. ad Marium ejusque factionarios, quorum strepi-
tusque vocesque solum exaudiri poterant, aliis vel mus-
sitare non audentibus, vel uti rebellibus et disciplinæ
impatientibus rejectis.* (Pos. 1714, p. 5 et 6).

En français : « Pietrasanta, jusque là, avait
passé pour un excellent religieux ; mais de ce
jour, il s'est conduit comme une canaille ». Nous
n'avons pas dit nous-mêmes autre chose.

Seulement, entre le religieux exemplaire et la
canaille impudente, que découvrent en lui tour
à tour les avocats consistoriaux et Timon-David,
il est un mot qui nous donne, en conciliant ces
deux traits contradictoires, la synthèse du personnage. Pietrasanta est un Jésuite ! Un
homme, par conséquent, nous l'avons dit, sans
jugement ni volonté propres : il obéit. C'est la
perfection de sa règle (1). On lui ordonne un
crime, et il se défend peut-être de le voir. Peut-

(1) Tous les historiens de la Compagnie nous rapportent à
l'envi que, peu de temps avant sa mort, Saint Ignace appela
un frère coadjuteur du nom de Philippe Vito et lui dit : « Prends
la plume et écris, car je veux laisser par écrit à la Compagnie
ce que je pense sur l'obéissance » ; et il lui dicta, en espagnol,
onze articles ou paragraphes, que les Jésuites ont toujours
considérés comme le testament spirituel de leur fondateur
(Voir Mir, *Historia interna documentada de la Compañía de*

être même, car l'abîme des cœurs est insondable, cet effort vers la plus aveugle obéissance lui parut-il méritoire. La grâce de l'intelligence naturelle et surnaturelle lui a seule manqué par une permission de Dieu. Toute la faute est imputable moins à lui qu'à ses chefs responsables et conscients. Mais alors quel n'est pas le péril du formidable mécanisme monté par Saint Ignace, ou pour la plus grande gloire de Dieu, ou pour cette prostitution du feu du ciel ?

Pietrasanta, en effet, fut un *minus habens*, ou il fut un coquin; ou plutôt il fut un coquin, ou c'est sa Compagnie qui déshonore l'Eglise de Dieu. Qu'on choisisse ! Mais foin des bénisseurs

Jesus, tome I, ch. X, p. 271). Or, le sixième article de cette lettre fameuse sur l'obéissance est ainsi conçue :

« Lorsqu'il me semble ou que je crois que le supérieur m'ordonne quelque chose de contraire à ma conscience ou un péché, et que le supérieur en juge autrement, je dois l'en croire à moins que le contraire ne soit manifeste, et, si je ne puis y contraindre mon entendement ou mon sens propre, à tout le moins dois-je en laisser la décision à l'avis de deux ou trois personnes. Si je n'y parviens pas, c'est que je suis très loin encore de la perfection et de ce qu'on est en droit d'exiger d'un véritable religieux ».

On voit quel abus peuvent engendrer de tels avis et à quel genre de « perfection » ils conduisent des religieux trop dociles, comme Pietrasanta.

C'est la fameuse « obéissance aveugle » des Jésuites : *perinde ac si cadaver essint... vel similiter atque senis baculus* (*Constitutions*, p. VI, ch. I, parag., 1). Obéissance, disent encore ces règles fondamentales de la Compagnie, que les Jésuites doivent observer avec une véritable émulation, non seulement dans les choses d'obligation, mais jusque dans les autres, sans attendre les ordres du supérieur, dociles à son moindre signe et prévenant jusqu'à ses désirs, comme s'il s'agissait proprement d'un ordre de Notre Seigneur : *« Omnia justa esse nobis persuadendo, ubi definiri non possit aliquod peccati genus. intercedere ».* Et l'on voit jusqu'où peut aller en ce genre l'aveuglement de l'obéissance et de l'esprit de corps.

qui, à perpétuité, nous canonisent pêle-mêle Calasanz et Pietrasanta, le P. de la Chaise et Innocent XI, les Scolopes et la « sainte Compagnie ». L'Église n'est pas un panier de crabes où les hommes, les Congrégations, les opinions ou les tendances, pêle-mêle, ont licence de s'entre-dévorer en toute innocence, sans souci de droit ou de vérité.

3. — *Troubles dans la Compagnie.*

Même, nous nous accorderons ici une digres-sion.

Car la principale raison qu'invoquent, nous l'avons vu, pour justifier la suppression des bien-faisantes Écoles pies, tour à tour Pietrasanta, Albizzi, la Commission cardinalice et Innocent X, c'est la persévérance des troubles qui agitent l'Ordre des Clercs réguliers de la Mère de Dieu ; et il n'en faudrait pas plus pour qu'un jour, sur nouveaux frais, reparût une apologie de Pietrasanta.

Comment n'aurait-il pas cru, nous dira-t-on, à ces dissensions intestines, puisqu'elles existaient ? N'a-t-il pas fallu que, bien ou mal, il y remédiât ?

Sans doute ! Mais mieux que personne, il devait savoir aussi que l'agitation n'était que superficielle, provoquée par deux ou trois mécréants, et que sa propre Compagnie, par cent promesses et cent mensonges, fomentait et entretenait ce désordre.

Au surplus, de quel côté étaient, dès ce temps-là, les troubles les plus grands ? Du côté des Scolopes ou du côté des Jésuites ? Et lequel des deux

Ordres, par conséquent, méritait d'ores et déjà d'être aboli pour les troubles qu'il avait, ou subis comme saint Calasanz, ou « excités » de toutes parts, selon la nette sentence du Bref *Dominus ac Redemptor* un siècle plus tard ? Qui accuse alors les Ecoles pies ? Personne. Ni les cours, ni les peuples, ni les gens d'Eglise. Bien au contraire. Seuls les Jésuites réclament ; mais contre eux réclame le genre humain.

A l'époque, en effet, où fleurit Pietrasanta, la grande convulsion intestine et les orages extérieurs, qui ont marqué la dictature d'Aquaviva, ne sont pas calmés et se prolongeront longtemps encore. Mariana a lancé contre la Société son admirable « discours » ; et les libelles se multiplient sans interruption, jusqu'au sein de la Compagnie, en dépit des expulsions, des menaces et des châtiments. Ces réquisitoires et ces suppliques reçoivent un accueil évidemment favorable aussi bien au pied du Trône apostolique que dans l'opinion religieuse. La multiplicité des éditions en témoigne, et aussi l'écho que leur font certaines mesures pontificales, demeurées sans doute inefficaces durant des siècles, comme le déplore amèrement Clément XIV, mais significatives. Et la Compagnie de Jésus a réussi à étouffer à peu près le bruit de ces explosions de l'indignation unanime au cours des siècles passés. La postérité catholique en est réduite à une sorte d'histoire assourdie et spectrale. Cependant il reste trace de la formidable colère des cœurs.

Pour notre part, nous avons tenté de restituer la physionomie exacte, au cours des âges suivants, de quelques-unes de ces querelles. Nous avons conté par exemple celle des *Provinciales* ou plutôt du laxisme; nous espérons étudier plus à fond un jour celle de 1762, autour de la suppression de la Compagnie par les Parlements. Il y a encore celle de la Ligue et du régicide, celle des Missions et des rites chinois, celles du suarézisme et du molinisme. Que sais-je encore ? Ce serait une tâche immense rien que de refaire la bibliographie du sujet. Mais comme il faut se borner, nous nous en tiendrons ici, en passant, à un recueil de pièces contemporaines de Saint Calasanz (1).

C'est la *Tuba magna mirum clangens sonum... de necessitate longe maxima reformandi societatem Jesu* de Liberius Candidus. Le succès fut si grand que l'auteur récidiva dans une *Tuba altera majorem clangens sonum*, etc... Nous avons sous les yeux la quatrième édition (Argentinæ, MDCCLX) d'une refonte de ces deux ouvrages,

(1) Nous n'avions, en effet, que l'embarras du choix parmi l'amoncellement des procès, disputes, etc... soulevés par la Compagnie. Ainsi, les Jésuites, jusqu'après leur suppression, n'ont cessé de reprocher à Saint Joseph Calasanz d'avoir accepté, pour le défendre contre les entreprises de Pietrasanta, les bons offices du célèbre juriconsulte Pietro Pifferi et de Mgr Maranta, ou même d'avoir envoyé en Allemagne et en Pologne le P. Onofrio du Très Saint Sacrement plaider sa cause près des Princes catholiques et s'opposer à la curée des biens de l'Ordre. Ils osent comparer cette conduite avisée aux intrigues des Jésuites de la Russie blanche pour se maintenir en dépit du Bref *Dominus ac Redemptor*, grâce à l'appui de Frédéric et de Catherine, enchantés de soutenir leurs résistances aux ordres de Rome. (Cf. *Memoria cattolica...* de Scarponius, — *Lettera al Signor avvocato N. N...* 1783, — etc., etc). Et peut-être la discussion de ce point de détail se rattachait-elle davantage à notre sujet ; mais nous avons préféré esquisser une rapide revue des troubles de toute espèce qui auraient dû interdire, en ce temps-là, à la Compagnie de s'immiscer dans les embarras d'autrui. Il valait mieux sinon donner ainsi à notre thèse toute son ampleur, du moins l'indiquer.

dont le premier tirage est daté de 1712, à Strasbourg, qu'il faut lire Utrecht, selon Barbier.

Le premier volume développe dans une première partie 24 griefs principaux contre la Compagnie. Au début, l'auteur se sert beaucoup d'un texte, assez peu sûr d'ailleurs, de Mariana; on trouve au chapitre XX une impressionnante déclaration de Tamburini; au chapitre XXI, l' *Epiphania* de Maître François Roales. La suite répond sur treize points à l'apologie du Jésuite Alphonse Huylenbroucq, dont nous avons également parcouru l'édition parue à Bruxelles, chez Antoine Claudinot, en 1715.

Nous n'insisterons pas sur cette première partie, d'une rédaction trop postérieure aux événements qui nous occupent.

Mais le second volume comporte toute une collection d'opuscules très mêlés de ton, de valeur et de portée; quelques-uns très remarquables, d'autres assez médiocres ou entachés des pires préjugés du temps. L'ensemble dépasse toutefois de beaucoup les productions du XIXe siècle pour ou contre la Compagnie. Et libre aux Jésuites d'affecter, dans leurs publications récentes, le dédain le plus transcendant à l'égard de cette littérature inévitable du sujet. Le dédain leur est aisé, mais ils ont perdu jusqu'à l'art d'égaler l'intérêt de ces vieux factums. Certains arguments anciens sont, en effet, franchement mauvais et depuis longtemps abandonnés; le temps a accompli sur eux son œuvre de tri : et ce sont les plus caducs que les idolâtres du Gesù continuent naturellement de combattre avec de faciles et vains cris de victoire. Pourtant les autres demeurent. Même incomplets, ou poussés au contraire au delà des justes limites de la discussion, ils projettent sur plus d'un point des lueurs, une indication, un témoignage. On y admire à chaque pas, une science de la théologie, de l'Ecriture et de l'histoire, une érudition et une raison, auxquelles nous n'atteignons plus. Nous pouvons avoir cultivé quelques qualités secondaires de technique : ces polémistes d'antan restent nos pères et nos maîtres dans la controverse comme dans la foi (1).

Or, la plupart d'entre eux ont vécu sous les quatorze Pontificats contemporains de Calasanz: et qui donc aura la bouffonne audace de soutenir que les Ecoles pies ont jamais soulevé, au cours d'un siècle, la centième partie de pareils orages ?

En premier lieu vient l'*Opusculum* — assez tardif — d'Aurèle Le Blanc, bref résumé de tous

(1) Bien entendu, les Jésuites contestent toute valeur à ces vieux écrits, particulièrement à ceux des « apostats », et croient pouvoir s'en débarrasser d'un mot. C'est une réplique un peu courte. On trouvera, par exemple, une critique expéditive de certains des opuscules rappelés ci-dessus dans le P. Alexandre Brou, *Les Jésuites de la légende*, Paris, Retaux, 1906. La place nous est ici trop mesurée pour répondre, au sujet d'une simple recension, à ces allégations diverses. D'autant que le P. Brou n'est pas tout à fait le P. Brucker. Avec des faiblesses, des longueurs, des manques fréquents de mémoire ou de sincérité, qui gâtent des chapitres entiers de son ouvrage, il montre ici ou là plus de conscience ou d'adresse. Nombre de ses concessions, un peu développées, suffiraient à fournir une contre-partie suffisante de sa thèse. Il trahit de temps à autre le fond de sa pensée. Il n'ignore pas et sait avouer par hasard les ignominies de l'idole que sa fidélité lui a fait un devoir de défendre. Il mérite en un mot d'être discuté sur un tout autre ton que son confrère, totalement cynique ou obtus. Ce sera pour une autre fois. Car la bibliographie de l'antijésuitisme vaut la peine d'être reprise par un observateur impartial. Nous nous efforcerons notamment d'établir l'authenticité, tout au moins substantielle, de quelques-unes des pièces contestées.

les troubles suscités par les Jésuites, à travers le monde chrétien, à l'occasion du molinisme, de la fameuse Congrégation *De Auxiliis*, de Jansénius, des rites chinois et des *Réflexions sur le Nouveau Testament* de Quesnel.

La lettre du Vénérable Jean de Palafox à Innocent X, demandant la réforme de la Compagnie de Jésus, ferait sans doute un beau pendant au rapport de Pietrasanta réclamant celle des Scolopes; et la différence des situations sauterait du même coup aux yeux.

De même la lettre du franciscain Sotello sur les affaires religieuses au Japon.

La *Protocatastasis* de Theophilius Eugenius est plus connue en français. La *Tuba magna* l'avait attribuée d'abord (1) au Jésuite Théophile Raynaud; Huylenbroucq veut qu'elle soit de Guillaume Pachelini ou Pasquelin, qui irrité de n'être pas admis à la profession après dix-huit ans de services, lança ce pamphlet, condamné presque aussitôt à Rome, puis un second libelle, plus virulent encore, poursuivi en France par le lieutenant de police. L'auteur, réfugié en Bourgogne, finit, dit-on, par se réconcilier avec la Société, en promettant de lui livrer par testament sa « librairie ».

La *Consultatio Danielis Hospitalii* et la *Disputatio Fortunii Galindi*, diverses suppliques de Jésuites mécontents à Clément VIII, une Lettre du

(1) Sotuellus, S. J., rendit un peu plus tard au Jésuite Théophile Raynaud le témoignage qu'il pensait juste au sujet des Constitutions (attribuées par lui à Laïnez, ce qui n'est pas du tout notre avis): le bouillant Richeome lui avait cependant asséné sa *Lettre d'un Père de la Compagnie de Jésus sur le projet proposé par Théophile Eugène*, datée d'Ormeville 1615. Et l'on chercherait en vain dans l'histoire des Scolopes l'équivalent de tout cet imbroglio.

Cardinal d'Harrach, archevêque de Prague, à l'Empereur, le mémoire du P. Nicolas Caussin, S. J., Confesseur de Louis XIII, à son Général sur ses démêlés avec Richelieu ; la relation succincte du P. Thyrse Gonzalez à Innocent XI avant son élévation au Généralat, ainsi que le décret du Pape sur le probabilisme, au sujet duquel le P. Mandonnet, O. P., a rompu de si belles lances dans la *Revue thomiste* contre le P. Brucker et les *Etudes:* autant de pièces très précieuses qu'il n'est pas permis d'ignorer, au moins à titre documentaire, n'en déplaise aux apologistes de la Compagnie qui entendent nous réduire à la lecture exclusive de leurs œuvres.

La *Monarchia Solipsorum* de Lucius Cornelius Europæus est une sorte de roman à clef sur la Compagnie. La *Tuba magna* l'attribue au P. Melchior Inchofer (1), mais le véritable auteur serait Jules Clément Scotti, que Pallavicini ne manque pas naturellement de représenter, après son exode de la Compagnie, comme un homme de médiocre capacité et d'un extérieur peu favorable. Cependant Scotti avait rempli dans l'Ordre d'honorables fonctions, notamment celle de recteur du Collège de Carpi. Mais après la mort de Vitelleschi, menacé du *carcere duro.* il s'enfuit à Venise, alors en guerre contre le Saint-Siège. Ce roman symbolique a d'ailleurs d'excellentes parties, pittoresques et vives, d'autres burlesques, grossières ou plus souvent obscures : l'ensemble en un mot paraît plus intéressant comme essai d'un genre littéraire encore peu

---

(1) INCHOFER, impliqué dans l'affaire des fausses lettres de la Sainte Vierge, débitées aux habitants de Messine par les Jésuites, préférait à cette guerre de pamphlets, les solides pro-

exploité que comme document historique. Et, au lieu de cette fiction souvent absconse, quelle œuvre vivante n'aurait pas fournie l'histoire contemporaine de la guerre entre Scolopes et Jésuites !

Nous ne ferons que mentionner un fragment de l'*Epistola D. Ponti Tyardæi Bissiani, Episcopi Cabilonensis;* la supplique du Vénérable de la Nuza, O. P., présentée à Philippe II, le 22 août 1597, contre les nouveautés introduites dans l'Eglise par la Société; le Mémoire présenté à Paul V, en 1612, pour le supplier de trancher les controverses pendantes du fait des Jésuites.

Le volume se clôt enfin par trois lettres concernant le capucin Valérien de Magny. C'est celui dont les Provinciales citent l'éloquent *Mentiris impudentissime* : il prit avec un beau courage, du fond de l'Autriche, la défense de Joseph Calasanz, au plus fort de ses épreuves.

Et il n'est pas question de reprendre ici, ni d'approuver, tant de véhémentes querelles : ce rapide aperçu suffit pour donner du moins une idée des dissensions de tout genre que provoquaient les « Ignatiens », à l'heure où ils exterminaient leurs émules sous prétexte de les remettre en paix. C'est tout ce que nous voulions rappeler au passage. Mario et Stefano eux-mêmes pèsent, en effet, bien peu au prix de cette avalanche d'adversaires et d'« apostats ».

« Quoi ! aurait pu dire le pacifique et trop patient fondateur des Scolopes. Est-ce donc moi qui trouble la paix, alors que la terre retentit du bruit de vos disputes ?

— *Tu la troubles,* aurait répliqué d'ailleurs effrontément, comme le loup à l'agneau de la fable, cette « bête cruelle » de l'histoire que fut la Compagnie de Jésus. »

Et c'est en effet toute l'excuse que se donne Pietrasanta pour dévorer, sans autre forme de procès, au coin du bois, son adversaire.

Seulement, le parallèle n'achève-t-il point d'éclairer les dessous de cette lamentable affaire ?

4. — *Hostilité des Jésuites contre les Scolopes.*

Au surplus, Boero cherche vainement à nous donner le change ; vainement Timon-David lui-même tente de gazer l'aventure et de la ramener à peu près aux proportions d'un malentendu passager entre individus. Nous avons vu comment la vérité leur échappe. Les disgrâces de Saint Joseph Calasanz et l'abolition de son Ordre ne sont en réalité qu'un incident d'une lutte séculaire et sans merci entre deux grands Corps.

Fidèles aux exemples évangéliques de leur Père, les Scolopes, il est vrai, ont dissimulé tant qu'ils l'ont pu l'existence de ces inexpiables haines fraternelles. Talenti, par prudence, à l'heure du procès de béatification, ou par charité, pousse même cette réserve jusqu'au point de dérouter l'histoire. Mais si les écrivains des Écoles pies se taisent, les Jésuites se chargent de parler haut. Et ici encore, une excursion semble nécessaire assez loin de l'époque où vécut Calasanz ; mais ce n'est pas un hors-d'œuvre.

Car, à l'époque de sa puissance, la Compagnie confie peu au public le secret de ses jalousies et de ses colères. Elle a l'oreille des Pontifes et des Princes ; elle leur glisse volontiers, en ca-

chette, le venin de ses calomnies meurtrières :
elle sait tous les détours des administrations et
des antichambres, des chancelleries et des alcô-
ves. Que lui importe l'opinion ? Mais lorsque
celle-ci devient de plus en plus la reine du
monde et que la Société se voit chassée des cours,
il faut bien que sa rage tente d'en appeler aux
multitudes. Elle ramasse dans l'ombre l'arme
éternelle des vaincus. C'est son tour de multiplier, sans privilège, les factums de Hollande
et les copies de libelles à répandre de l'un à
l'autre sous le manteau. Démasquez-vous donc,
criait-elle naguère à Montalte, dans l'espoir de
le mettre à la Bastille; c'est elle à présent qui
se cache et revêt tous les masques pour tenter
d'apitoyer les foules et prendre du moins sur ses
exécuteurs de cruelles revanches.

Nous avons dit ailleurs un mot de ces incroyables déguisements.

Et les Jésuites voudraient bien aujourd'hui
proscrire comme scandaleuse toute allusion à ces
retentissants démêlés historiques. « Lisez Brucker
ou le P. Brou ! » répète leur *Interdiocésaine* (1)
pour toute réponse à nos précédentes préci-
sions. Mais ils vouent délibérément à l'oubli
tous ces souvenirs de « querelles périmées ». De
sorte que leur public édifié peut croire qu'en effet Clément XIV a menti et qu'il n'y eut jamais
d'Ordre moins belliqueux que la Compagnie,
moins porté à tout esprit de contention contre
les Scolopes et contre le reste de la terre : « Cet
esprit n'existe pas ! s'écrie effrontément Boero,
qui prétend au titre d'historien. Au contraire,
les Scolopes et nous, voyez comme nous nous

____

(1) Supplément du *Bulletin de l'Œuvre des campagnes.*

aimions ! » Un peu plus, il citerait le *cor unum et anima una !*

Cependant nous avons énuméré tous les coups cyniquement portés par les Jésuites aux Ecoles pies ; et Timon-David y revient pas à pas dans sa brochure. Il cite même, sur la persistance de ces luttes et de ces rancunes, un renseignement bien postérieur, mais dont la source remonte à cette seconde moitié du XVIIIe siècle où l'adversité délia la langue de la Compagnie, lorsque son bras fut enchaîné.

Migne, en effet, dans sa Collection des Dictionnaires a fait place, comme par hasard, à celui du P. Hélyot sur les Ordres religieux ; et des continuateurs y ont inséré une lettre assez malveillante d'un soi-disant élève des Piaristes déchaîné contre ses anciens maîtres. A ceux-ci le transfuge fait remonter la faute d'un antagonisme provoqué justement par la Compagnie ; et si le détail paraît infime, nous verrons bientôt à quel point il est pourtant révélateur.

Cet antagonisme, écrit le mauvais élève des Piaristes, règne malheureusement depuis de longues années et passe des maîtres aux élèves qui n'aiment pas les Jésuites et qui ont quelquefois affecté de répéter cette épigramme faite par leurs professeurs : *Il tombera, ce grand arbre, etc...* Les Jésuites répondaient par d'autres vers : *Il tombera, mais il entraînera les autres dans sa chute.*

Or, rien ne semble moins exact que cette vilaine accusation. Il ne s'agit point, en fait de vers connus, d'une épigramme, mais de sonnets ; il n'y est pas question d'arbre, mais d'une colonne. Ce ne sont pas les Scolopes qui ont commencé de chansonner autrui ni les Jésuites qui ripos·

tent. Ce sont les Jésuites qui ont provoqué comme de coutume; et d'autres ont répondu. Les Scolopes n'ont fait que répéter, sans doute, comme tout le monde, un refrain. Assez discrètement d'ailleurs, puisque leur ingrat disciple a gardé de cet échange de sifflements une mémoire si peu fidèle.

Nous avons entre les mains les recueils assez complets de ces essais satiriques; et ces copies contemporaines des événements éclairent d'un jour cru le document recueilli par Migne-Hélyot. Par surcroît, la revue italienne *Bilychnis* (1) publiait récemment le morceau principal de ce débat, sans faire allusion aux ripostes, mais en y joignant d'autres vers où nous allons retrouver les Scolopes. Nous donnerons ici toutes ces pièces.

Qu'on nous excuse de ne pas reculer devant quelques formes trop imagées de langage. Ce n'est pas leur verdeur que nous reprochons le plus à ces acerbes critiques, mais leur perfidie Les libertés de la parole humaine sont, selon les époques, affaire de goût; et, à notre avis, « nos Pères, tout grossiers, l'avaient beaucoup meilleur ». A quoi bon, quand on se bat, mâcher ses mots, comme une balle, pour mieux empoisonner la plaie ?

M. Ernesto Rutili, dans *Bilychnis*, attribue ces vers au P. Jules Cordara, S. J., les ayant trouvés dans de vieux papiers écrits de la main de ce religieux. Et ce n'est pas la preuve indiscutable que Cordara en soit l'auteur. Il a pu les copier

(1) *Bilychnis*, Revue mensuelle illustrée d'études religieuses. Troisième année, fasc., IX, septembre 1914. Tirage à part : *La soppressione del Gesuili nel 1773 nei versi inediti di uno di essi*, par Ernesto Rutili. Roma, Via Crescenzio, 2.

pour sa satisfaction personnelle ou en vue de son histoire de la Compagnie. Mais les corrections qu'il a introduites dans son manuscrit sont un argument plus sérieux. Et, sans doute, notre recueil en fait honneur au P. Bettinelli, S. J., avec un titre un peu différent et quelques variantes sans grand intérêt. Toutefois, comme le texte de la revue romaine nous semble plus correct, l'attribution de ces poèmes au P. Cordara demeure en définitive la plus sûre et, en tout état de cause, que l'un ou l'autre de ses confrères en soit ou non le premier auteur, il y a mis du moins la dernière main, au nom pour ainsi dire de sa Compagnie.

Ce n'est pas en raison de sa valeur littéraire que la revue *Bilychnis*, comme on le pense bien, exhume au surplus ce poème; c'est, dit-elle, surtout pour son contenu historique. Mettons aussi : pour avoir occasion de compter les coups assez drus qui pleuvaient alors entre re'igieux ! Cependant, gros mots à part, l'œuvre du Jésuite n'est pas sans valeur poétique :

Si l'on se rappelle la piteuse condition de la poésie italienne durant les trois premiers quarts du xviiie siècle et si l'on se souvient comment, dans les dernières années seulement, ses destinées commencèrent de se relever grâce à des bêlements maniérés d'Arcadie, on trouvera un certain charme et un goût original aux vers de Cordara. Ils sont doués d'une vivacité et d'une vigueur particulières, dont il ne serait pas facile de trouver l'équivalent parmi les poètes de cette époque.

Soit ! et ce n'est pas là notre affaire. Que Cordara trousse plus ou moins lestement les vers; qu'il en ait même d'assez originaux ou de curieux, peu nous chaut pour le moment. Tout l'intérêt pour nous est de saisir sur le vif les arrière-pensées et l'arrière-cœur d'un Jésuite fameux, qui se range parmi les plus graves historiens de sa Compagnie et dont ses confrères nous donnent non moins sérieusement les textes à méditer sur la crise la plus grave de leur histoire (1).

(1) Voir le Bref *Dominus ac Redemptor*, p. 117. Le P. DE RAVIGNAN, S. J. *Clément XIII et Clément XIV*, Paris, Lanier, 1854. Chapitre X, p. 396. Le P. de Ravignan ne cite d'ailleurs, de ce mémoire, que les excuses empoisonnées que « notre Père » Cordara s'applique à trouver à la conduite de Clément XIV pour mieux glorifier la Compagnie. Il se garde bien de mentionner les graves aveux qui échappent ailleurs à l'historien. (Cf. DÖLLINGER, *Beiträge zur politischen Kirschlichen und Cultur-Geschichte*, t. II). L'orgueil des Jésuites, concernant en particulier leur réputation de chasteté, — et il aurait pu ajouter l'abomination de leurs immenses richesses et de leur avarice, en vain couverte du vœu de pauvreté, — n'avait que trop mérité, selon Cordora, la colère de Dieu :

« *Un autre aiguillon d'orgueil, plus subtil et plus raffiné, est-il contraint de reconnaître dans un mémoire confidentiel, c'est chez les Pères de la Compagnie de Jésus, la vanité de cette chasteté si intègre, si généralement vantée du public, dont ils se targuent ; et je ne sais si l'on ne doit pas attribuer principalement à ce motif l'irritation de la divine Majesté contre nous, voire sa volonté de nous détruire. Nos Pères tenaient en si grande estime leur chasteté qu'ils se prévalaient d'elle ; par elle, ils croyaient différer de tous et l'emporter immensément, même sur la multitude des autres Religions. Souvent j'ai ouï dire à quelques-uns que sur les autres Ordres courent de bouche en bouche, de la part du vulgaire, quantité de contes et d'anecdotes scandaleuses, mais que rien de tel ne se colporte sur la Compagnie ; et l'on voit à leur manière d'en parler que non seulement ils le rapportent par vaine gloire, mais qu'ils en prennent occasion pour s'élever au-dessus du monde. Ils ne réfléchissent pas que la gloire de la chasteté est une pure vanité devant Dieu, si elle ne va pas de pair avec la charité ; que l'Évangile appelle vierges folles celles qui négligent de garnir leurs lampes de l'huile de cet amour fraternel. Ils ne tiennent pas compte que devant Dieu l'humilité est une vertu plus grande et plus précieuse que la virginité* ».

Il y aurait bien à dire sur la légendaire chasteté des Jésuites ;

Sous le masque de mots convenus, derrière lequel il s'abrite, voici donc le vrai visage de l'homme ! Voici le fiel caché que ce religieux s'efforce ailleurs de mouiller d'onction !

Cette aigre physionomie, qu'on nous dérobe aujourd'hui, n'était pas inconnue d'ailleurs des

car, même sous ce rapport, ils eurent, tout comme d'autres, de cruelles mésaventures, et leur robe d'innocence n'est pas sans accrocs. Mais surtout, il sera piquant, après cet examen de conscience destiné, sans doute, à l'édification des tiers, de voir tout à l'heure comment le P. Cordara (Jules-César, comme il se prénommait très païennement) s'abandonne avec entrain à l'esprit impérialiste de sa Compagnie et prête pêle-mêle aux autres religieux le laxisme théorique et pratique des siens.

Il nous suffira peut-être ici, pour ne pas sortir de l'esprit de cette note, de rappeler un récent incident. Il s'agit de la mise en vente par l'*Action populaire* de Reims, dirigée par les Jésuites, d'un opuscule relatif à ce qu'on est convenu d'appeler depuis quelques années, « l'éducation de la pureté » : *Faut-il parler? Que dire? Comment le dire? Simples notes à l'usage des parents et des éducateurs* par un Père de la Compagnie de Jésus, 51, rue Saint-Didier, Paris (16°). Jamais plus ignoble manuel d'initiation sexuelle n'avait encore paru sous la plume d'un éducateur même ultra-laïc. La nature de ces leçons, adressées en dépit du titre, directement à l'enfance, est telle qu'il est impossible d'en extraire même une citation sous peine de s'exposer à la police correctionnelle sous l'inculpation d'outrage aux mœurs. Seul un Jésuite a pu se permettre cette odieuse gageure, jamais désavouée par ses répondants, même quand il fallut retirer du commerce cette abominable brochure sous les huées indignées du public. Or, il serait exagéré de prêter, même devant cette preuve matérielle, l'intention formelle de corruption de mineurs à un Ordre approuvé par l'Eglise. Quelque chose explique certainement cette incroyable aberration du sens moral chez des religieux. Et c'est l'orgueil, l'orgueil d'une réputation et d'un prestige qui, seuls à leurs yeux, autorisaient un de leurs Pères à assumer une tâche aussi périlleuse et devaient abolir, chez leurs jeunes disciples, jusqu'aux derniers vestiges du péché originel. Le scandale universel a dû les surprendre. Ils ne tarderont point, sans doute, à y dénoncer la main de leurs adversaires.

contemporains; et nous la retrouvons croquée d'un mot dans une autre pièce du temps. Chaque vers d'un sonnet d'alors s'efforce de caractériser, l'une après l'autre, les attitudes des Quatorze Principaux de la Compagnie au lendemain de sa chute. Ricci larmoie et sanglote; un autre tempête; celui-ci rêve de revanche; celui-là se résigne avec obséquiosité devant les vainqueurs; tel s'épanche à toutes fins, et tel garde ses airs mystérieux. Cordara persifle et vomit son venin :

Cordara soffia e vomita veleno.

Son premier sonnet ne manquait pas cependant de tenue, voire d'une certaine éloquence. Plein de présomption et de colère, il garde tout au moins le ton de l'invective oratoire, sans personnalités trop vives :

SUR LES MALHEURS DE LA COMPAGNIE

I

Elle tombera donc, si c'est au ciel écrit,
L'altière Colonne, dont l'ombre au loin s'allonge;
Elle tombera ; mais, de ces gens-là, le crime,
En l'ébranlant, témoignera pour sa défense.

Déjà les saintes Clefs et le Sceptre royal
Sont le jouet d'une tourbe à la perdre empressée ;
Et la fureur que déchaîne un exécrable Édit
L'honorera d'autant par cette injuste offense.

Elle tombera, mais sans peur et sans chagrin,
Car, contente de soi, au comble de l'honneur,
Moins pour elle que pour autrui elle en ressentira le
[dommage.

Elle tombera, soit ! Mais par ce grand fracas.

L'autel même sera ébranlé ; et l'on verra
Se déchaîner les vices et triompher l'erreur (1).

Mais le P. Cordara ne demeure pas longtemps dans cette note que justifieraient à demi sa fidélité et son chagrin. Il pleure sa Compagnie, mais surtout, il tient à la venger. Aussi va-t-il désormais se précipiter avec fureur sur l'Ordre religieux, haï entre tous. Et la clairvoyance de ses rancunes ne l'égare point. C'est aux Scolopes qu'il s'en prend en Italie, — comme les Jésuites de France aux Petites Écoles de Messieurs de Port-Royal ou à l'Oratoire de Bérulle, — parce que les Écoles pies sont susceptibles de se charger un peu partout de la succession des Collèges :

II

A L'ORDRE DES SCOLOPES QUI SE RÉJOUIT DES MALHEURS DE LA COMPAGNIE DE JÉSUS

O coquille de noix, qui sur la sèche arène

---

(1)   SULLE DISGRAZIE DE GESUITI

I

Cadrà se così in ciel si trova scritto
L'alta colonna che tant' ombra ha stesa,
Cadrà purtroppo, ma l'altrui delitto
Nell'urtarla farà la sua difesa.

Già le sacrate chiavi e il regal dritto
Sprezza la turba ad atterrarla intesa,
E furor detta l'esecrando editto,
Che onor le reca con l'ingiusta offesa:

Cadrà, ma con valor, ma senz'affanno,
Che contenta di se, carca d'onore,
Meno il suo sentirà che l'altrui danno.

Infin cadrà così che al gran fragore,
Scuoterassi l'altare, e si vedranno
Gir sciolti i vizi e trionfar l'errore.

Réussis tout au plus à rester échouée,
Ou qui, sur l'Océan, voguant à la dérive,
Du rivage natal peux t'éloigner à peine ;

Je sais bien qu'à présent que tu vois en danger
Le vaisseau de haut bord dont tu te crois l'émule,
Tu ris, l'imaginant à jamais démonté
Par le cruel orage qui le pousse à l'abîme.

Pourtant qu'en sera-t-il de toi, si loin du port,
Sur la mer en furie entre l'onde et le vent ?
Oh ! comme en peu de temps tu seras engloutie !

Ris donc, ris cependant ; mais, jusque dans ta joie,
Rends-toi compte, à ce prix, combien tu pèses peu;
Va, tu n'es pas de taille à affronter le large (1).

Et ce n'est rien encore que ce défi. Il conserve forme honnête. Mais la verve furibonde du P. Cordara insulte maintenant tous les Ordres religieux tour à tour ; et les Scolopes, dans le tas, seront éclaboussés d'ordure :

---

(1)

II

Alla religione del PP. Scolopii che gioiva nelle disgrazie della Compagnia di Gesù.

O battelletto, che sull' arsa arena
Abbandonato per lo più ti stai,
Et se pur qualche volta errando vai,
Dal natio lido ti discosti appena.

Ben so, che adesso rimirando in pena
L'alto naviglio, a cui rival ti fai,
Ridi, e tal fingi soprafatto ormai
Dal fiero nembro che a naufragio il mena.

Ma che saria di te lontan dal porto,
In tempest uoso mar fra l'onde e il vento?
Oh come presto rimarresti assorto !

Ridi pur dunque, ma nel tuo contento
Conosci al paragon quando sei corto,
Che nemmen puoi sperar sì gran cimento.

III

— *A nous donc, à présent, le premier rang au chœur !*
Triomphera l'ignare et sale Capucin.
Et le Carme dévot de lui donner réplique :
— *Nous ferons, près des femmes, plus aisément fortune*

— *Parmi nous, c'en est fait des thèses rigoristes;*
Suivons Busembaum, et suivons Tambourin !
Crie joyeux le Thomiste. Et les bons Saint-Maurins :
Ma foi, vive Quesnel ; vive le saint amour !

— *A nous les écoles !* clame le petit merdeux
De Scolope. Et qui donc voudra nous chercher noise,
Quand, des Jésuites, nous aurons pris le manteau long?

Ainsi dévoilant les sentiments impies de son cœur,
Cette tourbe envieuse s'éjouit et fait vacarme ;
Pourtant le grand rival n'est pas encore en terre !... (1).

Voilà dans toute sa beauté l' « esprit de la Compagnie » !

---

(1)   III

— Or de' pulpiti avremo il primo onore —
Dice il sozzo ignorante Cappuccino.
E divoto ripiglia il Teresino ;
— Piu fortuna farem colle signore.

— Non più fra noi sentenze di rigore,
Busembaum seguiremo e il Tamburrino —
Grida lieto il Tomista, e il buon Maurino :
— Viva Quesnello e viva il santo amore —

— A noi le scuole, or grida il merdosello
Scolopio, — e chi più a noi farà la guerra
Gesuiti parendo al gran mantello?

Così gli empi del cor sensi disserra
L'invida turba e gode e fa bordello ;
Ma il gran rivale non è ancor sotterra

Le P. Cordara solidarise avec sa cause les Clefs de Pierre et le Sceptre des lys, à l'heure où justement Clément XIV et les Bourbons se mettent d'accord pour délivrer le monde chrétien des Jésuites. Par un coup hardi, il prête aux Thomistes une secrète envie d'imiter les faiblesses de la Compagnie pour Busembaum et Tamburini. Aux Carmes il reproche de jalouser soit les riches aubaines soit les bonnes fortunes de « nos Pères » auprès des dames.

Quant au « *merdosello* », plus vif encore que les épithètes de *sale* et d'*ignorant* décernées aux Capucins, la nuance est intraduisible en français : car ce n'est pas une trivialité seulement ou l'allusion grossière à la couleur de la bure. M. Ernesto Rutili le commente ainsi :

Le mot n'est rien moins que distingué ; mais Cordara, en veine d'injurier ses frères en Religion, ne cherchait pas à raffiner. Il a choisi l'expression, certainement, pour jeter le ridicule sur les religieux des Ecoles pies, qui admettent dans leurs établissements d'instruction et d'éducation les jeunes enfants et jusqu'à des bambins du plus bas âge.

Ainsi les Clercs réguliers de la Mère de Dieu des Ecoles pies ne seraient ici appelés... ce que l'on sait, que dans l'acception, sinon plus noble. du moins plus chargée de sens, où nos Frères des Ecoles chrétiennes ont reçu d'abord chez nous le beau titre d'ignorantins. Comme ceux-ci décrassent les ignorants, le Scolope torche les marmots ; et c'est comme tel qu'il reçoit son paquet, moins boueux mais plus précis qu'il ne semblait. Car lorsqu'on songe aux brutalités et aux intrigues déployées depuis deux siècles par les Jésuites pour maintenir justement les Sco-

lopes dans l'humilité de ce charitable ministère,
le sarcasme de Cordara et sa vulgarité même
prennent vraiment l'allure d'un rire épique.

Deux des sonnets qui suivent développent enfin l'allusion déjà faite à une sorte d'usurpation
d'habit, que les Jésuites ont longtemps reprochée
aux Scolopes. Le temps nous manque pour nous
y arrêter, et il nous suffit désormais de recueillir à la hâte les preuves répétées de l'acharnement de la bagarre. Car nous voici déjà trop
loin du « bon abbé Timon-David »; mais nous
allons revenir à lui :

IV

SUR LES SCOLOPES

Quand le vent boréal, quiet, silencieux,
Règne dans un ciel pur devenu son empire,
Le baromètre monte, atteint bientôt au signe
Qui marque à moins d'un degré le point le plus haut.

Mais quand les fureurs de l'antan trouble l'état
Calme des airs, mêlant la colère au dédain,
Le baromètre déconcerté ne connaît plus
De retenue, et baisse et retombe à zéro.

Ainsi voit-on le mantelet (hygrométrique)
De certains moines, lorsque le temps est beau,
S'allonger peu à peu, tomber sur leurs talons.

Mais que le vent fraîchisse et que l'azur se gâte,
Ils le relèvent, : on le voit raccourcir à vue d'œil :
Ainsi prédit-il tantôt la tempête et tantôt le serein (1).

---

(1) IV

SOPRA GLI SCOLOPII

Se vento boreal tranquillo e cheto

V

Je fus longtemps jésuite : — *Frère !*
M'entendais-je appeler avec grand déplaisir.
A présent l'on me dit : — *Monsieur l'abbé !*
Et chacun avec honneur me parle.

Je portais jusqu'alors des dessous rapiécés,
Une soutane pleine de taches et de trous :
Vêtu comme un seigneur, j'ai des boucles dorées,
Porte blanches manchettes, vague petit collet.

Et je fais bonne chère : plus de soupe ni de bouilli,
Un supérieur, en ce temps-là, me tracassait :
Je vis tout à ma guise ; personne sur le dos !

Et cependant je pleure ! Frères, s'il vous arrivait
Même malheur, en auriez-vous semblable peine?
Par Dieu, quel carillon de fête vous sonneriez plutôt!(1

Signoreggia nel puro etereo regno,
Il barometro cresce e s'erge a segno
Che all'ultimo confin non manca un deto.

Ma se d'ostro il furor lo stato cheto
Turba dell'aria, se furia mesce e sdegno,
L'impaurito barometro ritegno
Più non conosce e cala e torna a rieto.

Un mantelletto a lui simil si crede,
Che di certuni nel tempo felice
Lungo si fece e si distese al piede ;

Ma se torbido è il tempo ed infelice,
Alzar ad occhio ed accorciar si vede :
Onde or tempesta ed or seren predice.

(1)   V

Io fui gran tempo Gesuita, e frate
Mi sentiva chiamare a mio dispetto

VI

Habit qui fus toujours, dès mes jeunes années,
Ma gloire et mon trésor, ne me pesant jamais,
Parmi les noirs chagrins de ma pire existence,
Comme une douce armure, je t'ai toujours baisé !

Habit que je préfère aux plus nobles parures,
Je te laisse, chargé d'honneur et de vertus,
Toi qui, tombé des champs de l'azur étoilé,
Reflètes la splendeur des rayons éternels.

Mon cher habit, adieu ! Sans boussole et sans mât,
Tel un vaisseau rompu sur la mer en furie,
En ce monde sans foi, je dois rester sans toi.

Oui, je te quitte, hélas ! Pourtant, de te revoir encore
Je conserve l'espoir. Fût-ce à mon dernier jour,
Tu me seras rendu pour dernier réconfort (1).

Et il faut bien qu'à présent nous donnions

Ora mi sento dir : — *Signor Abbate* —
E mi parlano tutti con rispetto.

Portavo allor le braghe rattopate,
Era l'abito mio rozzo e negletto :
Or vesto da signor, fibbie ho dorate,
Bei manichini e vago mantelletto.

Or mangio bene : allor minestra e lesso
Un superiore allor che mi seccava,
Vivo a mio modo e niun mi secca adesso.

Eppure io piango ! O frati, se toccava
Questa disgrazia a voi, saria lo stesso?
Per Dio ! che a festa ognun di voi sonava

(1)

VI

Veste che fosti già fin dai primi anni
Mia gloria, mio tesor, peso non mal,

une idée des ripostes. Ce sont, en réponse au premier sonnet de Cordara, sur les mêmes rimes, des diatribes souvent aussi peu modérées :

I

Oui, elle tombera, car au ciel c'est écrit,
La coupable Colonne dont l'ombre trop s'allonge :
Elle tombera, certes, et jamais, de son crime,
Nul ne se trouvera plus qui prenne la défense.

Car les saintes Clefs et le Sceptre royal
Furent en tout temps l'objet de son mépris superbe ;
Mais voici qu'un nécessaire et juste Edit
Apparaît le vengeur d'une aussi grave offense.

Elle tombera, non sans grande honte et sans égal cha-
[grin ;
Et dépouillée de tout lustre, de tout honneur,
Elle pleurera éternellement son propre dommage.

Elle tombera enfin, et à son fracas
Exultera l'Eglise ; et l'on verra
Tous les rois prêts à combattre l'erreur (1).

Che della vita fra i più acerbi affanni,
Come dolce conforto ognor baciai ;

Veste che a fronte di più nobil panni
Carca d'onore e di virtù ten vai,
Che fin dal cielo e dai lucenti scanni
Ne tramandi dal splendor d'eterni rai,

Mia cara veste addio ! Smarrito e mesto
Qual chi in torbido mar rotta ha la prora
Nel mondo infido senza te mi resto.

Ti lascio, o Dio ! ma rivederti ancora
Spero all'uopo maggior nel dì funesto
Chè verrai certo in mio conforto allora.

(1) I

Cadrà (che così in Ciel trovasi scritto)

II

Il faut bien qu'elle tombe, la coupable Colonne : c'est
[écrit

Car vainement son ombre tant s'allonge ;
Finalement déborde la coupe de son crime,
Personne ne peut plus assumer sa défense.

L'autorité de Pierre, la sainteté du Sceptre,
Qu'à mépriser toujours elle fut occupée,
Donnent toute vigueur à ce royal Edit,
Vengeur trop mérité d'une si grave offense.

Elle tombera donc, la superbe, et du moindre chagrin
Ne pâtiront les gens de piété et d'honneur,
Qui d'elle ne reçurent qu'injure et que dommage.

Ils accourront tous à cet affreux fracas ;
Ils en feront la fête. Justes, on vous verra
Combattre en liberté l'erreur (1).

La rea Colonna, che tant'ombra ha stesa.
Cadrà purtroppo ; e mai del suo delitto
Troverà alcun che prenda la difesa.

Già le sacrate Chiavi e il regal Dritto
Superba a disprezzar fù sempre intesa :
Ma quindi un necessario e giusto editto
Vindice fassi d'ogni grave offesa.

Cadrà con gran rossore e pari affanno
E priva d'ogni lustro e d'ogni onore,
Piangerà eternamente il proprio danno.

Infin cadrà, cosicche al suo fragore
Esulterà la Chiesa, e si vedranno
Tutti i Re pronti a debellar l'errore.

(1)   II

Si abbia a cader la rea Colonna, è scritto ;
Poichè tant' ombra inutilmente ha stesa.

III

Ce fatal décret, Saint Jean l'avait écrit
Dans son Apocalypse ; et c'est cette même
Sentence qu'il porta jadis contre le crime,
Dont on cherche aujourd'hui à prendre la défense.

La Femme, courtisane d'un indigne Sceptre,
Ne songeant qu'à complaire aux crimes de tous,
Vient de l'entendre publier, le grand Edit,
Qui de Dieu outragé venge la longue offense.

Ainsi donc, elle tombe, abreuvée de chagrin,
Comblée d'abominations et de déshonneur,
Et de l'autre Babel égalant le dommage.

La chute en fera bien aussi quelque fracas,.
Mais du moins avec elle seront ensevelies
L'hypocrisie, l'avarice, les tromperies, l'erreur (1).

E' giunto alla misura il suo delitto,
Ne prender più si può di lei difesa.

L'autorità di Piero e l'santo Dritto
Ch'ella fù sempre a disprezzare intesa
Davan tutto il vigore al regio Editto
Vendicatore di sì grave offesa.

La Superba cadrà, ne alcun affanno
N'avran' le genti di pietà ed onore,
Ch'ebber da lei finora ingiuria ed anno.

Correran tutti all'orrido fragore,
Festa menando, e i giusti si vedranno
In libertà di debellar l'errore.

(1)   III

Il Decreto fatal Giovanni ha scritto
Nella sua Apocalipse, ed è la stessa
Sua gran sentenza contro quel delitto,
Di cui prender si cerca in van difesa.

La Donna, che vantando indegno dritto

Et nous ne défendrons pas plus ce persiflage que nous n'avons excusé l'invective. Mais il fallait bien prouver, en dépit du Dictionnaire d'Hélyot, que d'une part les Jésuites avaient commencé et que de l'autre les Scolopes ne semblent avoir été pour rien dans cette affaire.

Même aux sonnets qui leur sont nommément assénés, nous n'avons nulle part trouvé de réplique; et, parmi la multitude de vers latins, italiens, espagnols ou français, — sonnets, épigrammes, épopées burlesques, parodies de sermons ou d'hymnes d'Eglise, — qui nous sont passés sous les yeux, il n'est pas un seul morceau de leur main. Ce n'est pas leur genre ni leur esprit.

Ils ont gardé plutôt celui de leur fondateur.

Timon-David nous conte comment, au Collège de Chieti, un professeur Jésuite avait en classe donné à ses élèves une dictée où il tournait en ridicule les Scolopes qui débutaient à peine dans leur utile carrière, et que, vivement blessés, ceux-ci s'étaient crus en droit de se plaindre des « Nôtres » au général Vitelleschi. Mais Vitelleschi se garda bien de répondre et de tarir une veine qui a fait le plus gros de la réputation littéraire de la Compagnie. Ce fut Saint Calasanz qui, informé, intervint et punit

Era ad ognun' a far piacer intesa,
Udi poi pubblicato il grande Editto
Che vendicò di Dio la grave offesa.

Quale cadde colei piena d'affanno,
D'abbominio ricolma e senza onore,
Sarà d'altra Babele eguale il danno.

Farà ben nel cader qualche fragore,
Ma almen con lei sepolte si vedranno
Ipocrisia, avarizia, inganni e errore.

les plaignants. Ses fils devaient se souvenir de la leçon.

Et, sans doute, sous Clément XIV, ils eurent leur revanche. Henrion, dans sa continuation de l'Histoire ecclésiastique de Bérault-Bercastel et de Feller, prétend même que ce fut le Général des Scolopes qui rédigea le projet du Bref *Dominus ac Redemptor* ; Boero nomme Urbain Tosetti. Mais d'autres penchent pour Mgr Zelada, depuis cardinal; et rien, en somme, n'est moins sûr que ces attributions. Elles témoignent plutôt du remords, père des spectres vengeurs, qui agitèrent alors les Jésuites au souvenir de leurs fautes passées. Ils avaient tué un saint ! Mai¹ ils n'ont été vaincus que par l'immanente justice et par les prières de leurs victimes. Des torts adverses ne les excuseraient pas; c'est en vain pourtant qu'ils cherchent à rejeter sur autrui un part de leur fardeau.

Et l'épisode des sonnets de Cordara n'est, en définitive, qu'un incident sans grande importance en soi; mais peut-être, achève-t-il de peindre, sous les couleurs les plus vives, la séculaire mentalité des Jésuites. Il illustre définitivement le cynique mensonge de Boero, aussi brutal, en son genre, que le « *merdosello* » et les autres gentillesses de Cordara (1).

(1) Rappelons les paroles de Boero déjà citées p. 42. Elles prendront ici toute leur valeur et toute leur saveur.

« J'espère, écrivait-il, faire, en outre, une œuvre agréable aux Pères des Ecoles pies, en montrant au public combien il est faux qu'il y ait eu autrefois et qu'il y ait encore aujourd'hui une animosité quelconque entre leur Ordre et la Compagnie de Jésus. Un tel sentiment n'a jamais existé. »

On dirait d'une gageure. Mais elle serait tellement cynique qu'il doit être permis d'y voir plutôt la sommation faite au Scolopes d'avoir à cacher ce « cadavre. »

5. — *Responsabilité de la Compagnie.*

Pour rendre enfin nous-même à la vérité tout l'hommage auquel elle a droit, nous ne réduirons pas plus longtemps, aux termes posés par Timon-David, le dilemme que pose à la conscience catholique l'histoire de l'admirable Joseph Calasanz.

Entre Pietrasanta et le saint fondateur des Ecoles pies, la question n'eût même pas dû se poser. Mais les Jésuites ont tenu à l'aggraver et à l'étendre, avant même d'y être acculés par la moindre indiscrétion ; et la Compagnie aime mieux aujourd'hui encore tenter le sauvetage désespéré de son agent que renier ou abjurer la solidarité éclatante qui la lie à lui. Pour justifier à tout prix le Visiteur infidèle, ses confrères se sont obstinés à engager dans la controverse le Corps tout entier. Ils se refusent à faire, dans leur « très sainte » Société, la part du feu, si l'on ose dire.

Il faut donc choisir, non seulement entre Calasanz et Pietrasanta, mais entre Calasanz et la Compagnie.

Le saint, malgré sa réserve habituelle, écrivait un jour de sa propre main :

Nous savons tous que les Pères Jésuites font tous leurs efforts pour ruiner notre pauvre Institut... Ils veulent d'abord nous interdire d'enseigner autre chose que l'écriture, la lecture et l'arithmétique.

Et tel est bien en effet le fond du débat, non seulement pour l'instruction primaire ou pour les Scolopes, mais pour tous et pour tout dans l'Eglise. Personne n'a le droit de faire ni de dire rien qui déplaise aux Jésuites sous peine

d'être banni des frontières de leur charité : et
ce genre d'excommunié, au dire de leurs casuistes, peut être diffamé à merci et même supprimé radicalement, quand la Compagnie en a
les moyens. C'est le résumé des annales ecclésiastiques depuis trois siècles.

C'est ne voir par conséquent ni vrai ni juste
que d'essayer de distinguer, à l'infini, entre tel
ou tel de ses membres et la Société du Nom de
Jésus, dans cette « Histoire d'un crime » tant
de fois renouvelée. Pietrasanta à Rome, et le
professeur de Chieti et les milliers et milliers
de Jésuites, partout répandus, dans leurs Collèges, dans leurs Missions, à la ville et à la cour,
ont aidé avec ensemble à la manœuvre. Ils font
bloc. Et les biographes n'ont pu tenir compte
que des monuments écrits, facilement représentables ; mais il faut n'avoir aucun sens des réalités
ni de l'histoire, pour ne point voir, derrière ces papiers officiels ou ces démarches
avouées, la multitude des instances orales, des
correspondances confidentielles, des sollicitations
clandestines, des influences qui se sont exercées
à tous les degrés de la hiérarchie, dans l'intimité
comme dans les conseils des puissants, au sein
des Congrégations romaines et dans les antichambres du Vatican. Pietrasanta n'a pas été
nommé Visiteur, il n'a pas agi, il n'a pas bravé
seul les mille difficultés de la vilaine besogne qu'il assuma. Nous en appelons, de ce
jugement ridicule et sommaire, à tous ceux qui,
aujourd'hui encore, malgré la situation simplifiée du haut Pouvoir spirituel qui préside à la
Chrétienté, ont été tant soit peu mêlés aux affaires ou en ont vu fonctionner de près les rouages. Que demain les Scolopes — ou d'autres —

aient à subir quelque nouvelle visite apostolique extraordinaire, et que le Visiteur soit un Jésuite : qui donc n'éclatera pas de rire, si l'on vient lui conter que la Compagnie ne sera pour rien dans la conclusion de l'aventure ?

Membre d'un Ordre rival, écrit justement Darras dans son *Histoire de l'Eglise* (Pietrasanta) ne devait point accepter cette mission, et, s'il l'accepta, on peut croire que ce fut, ou pour servir les intérêts de son Ordre ou pour servir d'instrument à d'autres vengeance.

« *On peut croire* », en effet ! Mais l'euphémisme couvre mal des actes comme la monstrueuse alliance de la Compagnie avec Sossi et Cherubini, ou la promesse de livrer à ce dernier, après la dissolution de son Ordre, la direction du Collège Nazareno, après tant de preuves qu'il avait données de sa façon d'entendre l'éducation de l'enfance !

Ce « bon » Timon-David lui-même, sans y appuyer, écrit au sujet de ces abominables manœuvres :

Un éclair d'espérance lui vint un moment (à Calasanz) ; le père Muzio Vitelleschi, général de l'illustre Compagnie de Jésus, étant mort le 8 février 1645, les Pères se réunirent au mois de novembre pour lui donner un successeur. Le 7 janvier 1646, leur choix tomba sur le très digne Père Vincent Caraffa. Peut-être le nouveau général lui serait-il plus bienveillant.

Caraffa fut aussi impitoyable que son prédécesseur.

Mais Timon-David a laissé suffisamment comprendre qu'il n'est pas dupe de l'onction de son propre style. Il sait que Pietrasanta n'est qu'un paravent du Gesù. Il sait qu'à la nouvelle de la nomination de Pietrasanta, il n'est pas un esprit averti qui se soit trompé une minute sur le sens et l'aboutissement de ce coup de force. Il sait quelle animosité précède, explique et suit l'attentat, et qu'elle n'est pas d'homme à homme, mais d'un Corps contre un autre Corps. Il a seulement éprouvé qu'à le dire trop haut, il ne gagnerait rien que de se faire traiter lui-même en vulgaire Scolope, — et l'on entend bien que « vulgaire » n'est ici que le synonyme éteint des qualificatifs flamboyants du P. Cordara, l'un des plus distingués talents de la Compagnie. Nouvelle preuve de l'éternelle concorde que prétend faire régner par la terreur la Société : *Ubi silentium faciunt, pacem appellant.*

Pour s'excuser, semble-t-il, de trop accorder à ses anciennes sympathies, le vénérable Timon-David cherche, il est vrai, à découvrir une explication pseudo-providentielle de ces criminelles dissensions. Si le ciel les permet, pense-t-il, si ce fléau n'a cessé depuis le XVIe siècle de désoler l'Eglise, c'est un moyen dont Dieu se sert pour entretenir, entre de grands Corps exposés à l'attiédissement, une flamme d'émulation pour le bien et pour leur garder le cachet d'originalité qui les vivifie en les spécifiant. Philosophie ingénue de la grandeur et de la décadence des Ordres religieux ! Car l'émulation existait, certes, et suffisait à faire rivaliser de zèle Dominicains et Franciscains, par exemple. Il était inutile de la voir atteindre jusqu'à cette fureur de dénigrement, qui a suivi la fondation de la Compagnie.

L'Eglise a tout fait pour arracher cette ivraie du champ du Père de famille, au risque parfois de compromettre la meilleure récolte. Mais l'heure de la justice finit toujours par sonner.

« L'Oratoire, aimait à dire le P. de Condren, est fait pour servir l'Eglise, et non l'Eglise pour servir l'Oratoire ».

Les Jésuites ont pris trop souvent le contre-pied de cette maxime. Le jour viendra où les os des saints persécutés tressailliront sous les autels et crieront vengeance au Tout-Puissant.

APPENDICE I

Réponse du Chanoine Timon-David

(Extraits)

PROPHÉTIES SUR LA SUPPRESSION DES ÉCOLES PIES
(Pages 20-21)

Aussi, à peine ce visiteur avait-il été nommé,
que, du Nord au Midi, de Naples en Autriche.
de Hongrie en Bohême, en Pologne, dans toute
l'Italie, ce fut un déluge de lettres, de prophéties lugubres : L'Ordre des Scolopi, livré à un
Ordre ennemi, était perdu. Le P. Anonyme, ne
pouvant nier le fait, le traite de commérages, de
racontars, de pressentiments que rien ne justi-
fiait. Mais alors, il n'existe plus de certitude
historique. Ce pressentiment universel venait de
l'antagonisme bien connu des deux Ordres :
Vox populi, vox Dei; et ce n'était pas le bas
peuple qui prophétisait ainsi: ses jugements sont
plutôt des instincts; c'étaient des Rois, des
Princes, des Evêques, des Ambassadeurs, etc.
Tout cela est raconté dans mon second volume.

I! est fâcheux pour Pietrasanta que ces prophè-
tes aient exactement prévu l'avenir; s'il n'avait
pas accepté sa charge de Visiteur des mains criminelles de Mario, cette présomption ne se
serait pas manifestée; personne n'y eût songé.

MARIO SOSSI CHOISIT LE VISITEUR.
(Pages 21-22)

Le P. Ubaldini, ayant fait sa visite avec conscience et impartialité, avait promptement remar-
qué la sainteté de Joseph, la parfaite régularité
du plus grand nombre de ses religieux, mais
aussi les mœurs infâmes de Mario. Ce n'était
pas ce que voulait celui-ci; aussi n'eut-il pas de
repos jusqu'à ce qu'il l'eût contraint à donner
sa démission. C'était facile avec un homme si
peu fait pour la lutte. Le Visiteur déposa son
rapport très favorable entre les mains des Cardinaux députés, et se retira après 14 jours seulement de visite.

Que le P. Anonyme me permette une paren-
thèse : il n'était donc pas très difficile de refuser cette charge, quand on en avait assez; Pietrasanta aurait donc pu faire de même.

Cette retraite d'Ubaldini fut la source de tous
les malheurs de Saint Joseph et des Scolopi.
Mario s'agita pour obtenir un Visiteur qui ne
trompât plus ses espérances et profitant de l'as-
cendant que les affaires de Florence lui avaient
donné à l'Inquisition, il désigna Pietrasanta à
Monseigneur l'Assesseur. Lui seul le fit nommer.
Si le P. Desjardins le nie gratuitement, les actes
du procès l'affirment :

« Substituto proinde ad idem munus obeundum P.

« *Pietrasanta, Societatis Jesu, ope et consilio eorumdem*
« *calumniatorum inter quos P. Marius...* (Pos. 1702,
« p. 26). Le P. Pietrasanta fut choisi pour remplir le
« même office (du P. Ubaldini) par l'œuvre et le conseil
« de ces mêmes calomniateurs, parmi lesquels était le
« P. Mario. »

Et ailleurs (*Pos.* 1714, SUM. 8, p. 29) :

« Mario disait aux Assistants qu'ils devaient consi-
« dérer qu'il était nécessaire de chercher un autre Visi-
« teur qui ne fut pas partial, comme s'était montré
« le P. Ubaldini... qu'il était nécessaire d'y apporter
« un remède, et il mettait toujours en avant le Saint
« Office. »

Ce fait de Mario choisissant lui-même Pietrasanta revient encore souvent dans le procès, par
exemple, pos. 1702, sum. n° 54, p. 249, etc. Pour
abréger, nous ne citons pas, c'est toujours la
même chose.

Pourquoi Mario, déçu dans la nomination du
premier Visiteur, choisit-il Pietrasanta ? A notre avis, c'est un fâcheux point d'interrogation.
Le prit-il, parce qu'étant Jésuite il espérait qu'il
détruirait plus facilement l'Ordre des Scolopi,
ce qui était son but ? En avait-il obtenu préalablement des engagements certains ? Il y a là
une foule de jugements, téméraires si l'on veut,
dont on ne peut tirer une certitude historique,
c'est vrai ; mais reste toujours ce déplorable
point d'interrogation : pourquoi, après s'être dé-
barrassé d'Ubaldini, cet infâme Mario choisit-il
le P. Pietrasanta ? Si celui-ci eût été l'homme
intègre, le Visiteur impartial, le saint religieux
que nous dépeint le P. Anonyme, Mario tom-
bait de Charybde en Scylla ; car le moment est
venu de faire connaître Mario, mieux que je

n'avais osé le faire dans mon livre. Il faut enfin dire toute la vérité et montrer ce qu'étaient ces deux coquins, que le P. Pietrasanta ne cessa de protéger jusqu'à leur dernier soupir.

CE QU'ÉTAIT MARIO.
(Pages 22-25)

Le P. Mario Sossi est un être plus dégoûtant que je ne l'avais dit.

Je n'ai pas osé raconter exactement l'affaire du Conventicule de Florence.

Il y avait à Florence un Conservatoire de filles dirigé par la nommée Faustina. Elle conduisait ses filles se confesser et communier dans diverses églises, et surtout dans celle de la Madone de Ricci, desservie par les Ecoles Pies. Une de ces filles se présente au confessionnal du P. Mario, et lui révèle que ce Conservatoire est, non pas un conventicule d'hérétiques, comme je l'ai dit par modestie dans un livre qui peut être lu par toutes sortes de personnes, mais un mauvais lieu où se rendaient tous les soirs un certain nombre de jeunes gens de la ville et, surtout, un chanoine Ricasoli qui se disait parent du grand Duc de Florence. Ce scélérat de Mario n'avait ni assez d'étude ni assez de jugement pour se conduire dans cette difficile affaire. Il aurait dû exhorter cette fille à aller dénoncer elle-même ce fait si grave à l'autorité compétente, c'est-à-dire dans ce cas à l'Inquisition de Florence, la presser, l'effrayer par la considération des jugements de Dieu, et lui refuser l'absolution jusqu'à ce quelle eût satisfait à ce devoir rigoureux. N'est-ce pas ce que nous faisons tous dans des cas analogues, par exemple dans celui *contra sollicitantes*, sans porter nous-mêmes aucune atteinte au secret sacramentel ? Mais le coquin vit sa fortune au bout de cette affaire, et il ne recula pas devant un moyen honteux. Il donne rendez-vous le lendemain à cette fille non pas dans son confessionnal, mais à côté de son confessionnal, près d'un passage voûté qui conduisait au Couvent. Il y cache deux de ses Pères, leur recommandant de bien écouter ce qui va se dire. La fille arrive sans défiance : Mario la questionne dans le plus grand détail, elle répond comme quelqu'un qui croit parler seulement à son confesseur de la veille. Ces détails étaient affreux, sans doute, car les deux Pères rougirent, en furent consternés, dit l'auteur contemporain que je copie, et s'en allèrent déplorant la faiblesse humaine. Avec ces deux témoins, Mario était juridiquement sûr de son affaire. On sait le reste, et comment, par un mystère de Dieu, les malheurs de Saint Joseph vinrent de cette histoire. Faustina et Ricasoli, condamnés par l'Inquisition, furent murés dans deux chambres, si je comprends bien le mot italien *murare*.

J'ai pris ce récit dans un auteur contemporain, le P. Carlo a Santa Barbara (*Origo dissentionum*, Notice historique, tome I, p. 19) ; et, dans le procès de 1714 qui le reproduit p. 7. Il nous fait bien comprendre ce qu'était ce Mario exécré de tous ses Pères, qu'il fallait sans cesse changer de maison, la paix étant impossible avec lui, et dont les allures séculières scandalisaient honteusement, nous allons le voir. Saint Joseph avait même fait commencer son procès, qu'arrêta malheureusement l'intervention de l'Inquisition, après cet événement de Florence.

Ce fut cet homme, qui avait une si grande et si triste notoriété dans tout son Ordre, qui fit nommer Pietrasanta Visiteur et se fit nommer lui-même premier et bientôt seul Assistant. Par quel aveuglement (Pietrasanta) ne connut-il pas de suite, et même ne connut-il jamais cet ignoble coquin ? C'est absolument inexplicable. Succédant à Ubaldini, ne semble-t-il pas qu'il aurait dû se faire mettre au courant de sa Visite, cela l'eût guidé dans la sienne propre. Au moins ne pouvait-il pas lire le rapport remis aux Cardinaux députés? Il y aurait lu ceci entre autres choses graves :

« Ubaldini commença sa visite par la sacristie et l'église, puis il poursuivit, en commençant par la chambre de Mario, en sa qualité de premier Assistant, ce qui fut fait très habilement à l'improviste et d'une manière inattendue. S'étant fait donner la clef par le P. Mario, il y entra avec son seul secrétaire, avant que rien pût être enlevé. Ils y trouvèrent beaucoup de choses indignes d'un religieux, de l'argent, des pâtes, des confitures, des nécessaires, diverses autres choses bonnes à manger et à boire, suffisantes pour plusieurs personnes ; et, aussi des gants travaillés, des ornements de femmes, des cheveux, des tresses avec de jolis rubans surfins, de très belles couronnes de femmes, et autres choses de dévotion en abondance. Le Visiteur en fit un très fidèle inventaire, et, très surpris, s'en plaignit au vénérable fondateur, et au v. P. Pietro, lucquois ; de plus il en fit part aussi à Monseigneur l'Assesseur. »

Ce n'était pas là un fait isolé.

Le P. Vincent de la Conception dépose (SUM.. n° 20, p. 69) qu'à Poli, il lui avait trouvé, dès 1631, pour plusieurs écus de choses de dévotion,

des étuis, *stucci*, rubans, *terluccia* et choses semblables. Il s'en excusa comme en ayant la permission, toutefois il en fut repris pour la grande
quantité qu'il en avait

A Florence, il fit pire, dépose toujours le
même Père (*loco citato*), se servant du confessionnal comme d'une boutique pour y avoir,
ainsi que dans sa chambre, toutes sortes de choses. Il y avait mille cachettes où se trouvaient des
confitures et toutes espèces de comestibles, des rubans et des cadeaux pour toutes sortes de personnes.

Retourné à Rome, on trouve dans sa chambre
mille bêtises, *spropositi*. (Nous donnons tous les
mots italiens de peur de ne pas les traduire fidè-
lement). Non seulement des ajustements de femmes, *acconi di donne*, de grand prix, *di gran
spesa*, mais encore des tresses de cheveux, *trecce
di capelli*, des miroirs, *specchi*, et autres choses
semblables, indignes de se trouver dans la chambre d'un religieux déchaussé, ayant fait vœu
d'entière pauvreté, *di somma povertà*. Où trou-
vait-il, où prenait-il l'argent, pour acheter tout
cela ? On n'en savait rien.

Voilà donc un indigne religieux, connu de sés
confrères comme tel, qui, déçu dans les espérances que lui avait données Ubaldini, fait nommer Pietrasanta pour Visiteur, qui devient
l'homme de sa confiance, qu'il soutient jusqu'au
bout envers et contre tous. Comment ce Visiteur
ne le connut-il pas immédiatement ? Le P. Anonyme en donne une curieuse raison : tous les
bons religieux avaient été éloignés de Rome.
C'est faux; ils ne le furent que successivement,
jamais tous; on peut relire dans ma *Vié* l'opposition qu'ils firent à Mario, puis à Cherubini

jusqu'au dernier moment; donc, ils y étaient. D'ailleurs, il restait Saint Joseph; lui seul suffisait pour éclairer le Visiteur. Présents ou absents, ses pouvoirs discrétionnaires lui permettaient de les mander devers lui; c'était son devoir de le faire. Il n'ignorait pas qu'il y avait deux partis parmi les Scolopi; il n'était nommé Visiteur que pour faire un rapport sur cette affaire; il fallait donc entendre les deux parties; c'était de stricte justice. Mais, dès les débuts, quelle expérience des hommes avait donc ce religieux qu'on nous donne comme intelligent et si saint, pour ne pas deviner promptement quel affreux coquin était ce Mario !

Plus nous allons et plus la conduite de Pietrasanta devient inexplicable; et nous ne faisons que commencer. La mort horrible de Mario ne lui ouvrira pas les yeux; tous le regardent avec terreur comme un damné; lui, pourtant, promet de remplir ses dernières volontés, et lui tient parole. Supposons un instant Pietrasanta aussi scélérat que Mario, comment aurait-il pu faire plus de mal qu'il n'a fait ?

CE QUE FUT STEFANO CHERUBINI.
(Pages 26-30).

L'histoire de Stefano des Anges de son nom de religion, Cherubini de son nom de famille, est encore plus incroyable et pèse d'un poids immense sur la mémoire de Pietrasanta. Mario, peut-être sur le point de descendre en enfer, fait appeler Albizi et le Visiteur, et leur fait promettre de lui donner Stefano pour successeur, afin d'achever son œuvre de destruction, commencée ensemble, ajoutent les auteurs contemporains. Ces deux personnages tiennent parole avec une promptitude inouïe en cour de Rome ; car, trente heures après, un simple billet d'Albizi nommait Stefano à la place de Mario.

Comment, après avoir obstinément ignoré quel coquin était Mario, Pietrasanta ignorait-il encore quel autre coquin était son successeur et ami ? Encore un point d'interrogation inexplicable. Rappelons-le brièvement et pour cette fois crûment.

Stefano, étant à Naples, fut accusé d'avoir fait des infamies avec quelques-uns de ses élèves. Saint Joseph ordonne une enquête ; elle fut écrasante pour Stefano. Le procès suivait son cours, et la pénalité étant très grave, en ce temps-là, Stefano allait être puni de la prison, et peut-être des galères, quand sa famille, puissante en cour de Rome, pour éviter ce déshonneur qui eût rejailli sur elle, obtint du Cardinal-Neveu, Barberini, que le procès fût arrêté.

Pietrasanta pouvait-il ignorer ce fait ? C'est impossible ; soixante-dix religieux de Naples avaient déposé dans l'enquête ; ils lui eussent appris que Stefano « *molto puzzava ; quo putore fœteret parcendum est verbis.* Il sentait bien mauvais ; de quelle puanteur ? Les convenances obligent à le taire ».

Il n'avait qu'à questionner le Général et ses quatre Assistants ou plusieurs autres Pères de Rome ; il y était obligé par sa charge, et il ne le fit pas, comme Saint Joseph l'affirme lui-même dans une lettre que nous donnerons plus loin. Pourtant, il était nommé Visiteur : *tam in capite quam in membris.* Ubaldini, dès le premier jour, avait interrogé pendant quatre heures le Général et ses Assistants anciens et nouveaux; c'est ainsi qu'en quatorze jours, il avait parfaitement connu Mario; et Pietrasanta, lui, ne savait rien ! C'est une des plus lourdes charges qui pèsent sur ce Père, contre qui nous en relèverons tant d'autres.

Ce n'est pas tout : à plusieurs reprises, l'Institut presque entier se soulève contre Stefano, sans que le Visiteur ouvre les yeux. Tous les bons religieux n'étaient donc pas éloignés de Rome ou glacés par la terreur que leur inspirait Stefano, comme le P. Anonyme l'affirme. On se rappelle la scène de l'Oratoire où, *en présence du Visiteur* qui présidait, Cherubini craignit pour sa vie, tant l'animation fut grande. Qu'on relise le mémoire présenté par les Scolopi demandant qu'on les débarrasse de Stefano. Pietrasanta est nommé Visiteur le 9 mai 1643; les Scolopi font leur mémoire dix mois après, et ce n'est que deux ans après, qu'accablé par les plaintes amères de l'Institut, il se décide, après avoir tout détruit, à répondre enfin dans sa fameuse justification du 18 juillet 1645; j'y reviendrai.

Cependant la vie de Stefano est toujours plus irrégulière; Pietrasanta l'ignore.

Il fait de fines parties de plaisir et de table, Pietrasanta l'ignore.

Pour suffire à ses prodigalités, il épuise la caisse si pauvre de Saint-Pantaléon; Pietrasanta l'ignore.

Pressé par le besoin d'argent, il vend, contre tout droit, 27 parcelles de bois que les Barberini avaient données aux Ecoles Pies, en échange du Noviciat des Quatre Fontaines, et en dévore le prix; Pietrasanta l'ignore.

Arrive la très scandaleuse promenade du

Corso, le jeudi gras, en plein carnaval : cela fait grand bruit, on en parle ; Pietrasanta l'ignore ; et, entendons sa condamnation par Saint Joseph lui-même :

— Vous devriez en informer le Visiteur, lui dit-on.

« A quoi bon, répond Saint Joseph, ignorez-vous les faits graves que vous lui avez dits et fait toucher de la main? On vous a toujours dit que vous étiez de méchantes langues, passionnées. *Non sapete voi quante cose gl'avete dello e fatto toccare con mano ; sempre n'avete riportato esser mala lingua ed appassionata.* » (*Pos.* 1719, Sum., n° 25, p. 78).

Que répond-on à cela ? Rien, la réponse est absolument impossible. On plaide l'innocence de Pietrasanta, trompé pendant trois années par ce fin renard. Mais à quoi sert un Visiteur qui ne visite pas, qui n'entend qu'un parti ? Il eût dû donner sa démission, puisque l'évidence ne lui ouvrait pas les yeux.

. . . .

Mais, dira-t-on, Albizi, cet homme si intelligent, s'est aussi laissé tromper comme Pietrasanta. Il est donc aussi coupable que lui, sinon plus. Personne ne le nie ; seulement, il y a une nuance : Albizi, surchargé d'innombrables affaires, ne voyait celle-là que par les yeux des trois associés. Il avait grand tort, sans doute, mais on le comprend sans l'excuser, et sa solennelle rétractation le justifie facilement. Pietrasanta, au contraire, était délégué pour faire ce que ne pouvait Albizi, il vivait journellement avec les Scolopi, et par leurs rapports il eût pu facilement connaître Stefano, si, toutefois, lui Visiteur, avait assez peu de clairvoyance et d'expérience des hommes pour ne pas deviner tout seul ce qu'était ce fin renard, pas si fin cependant puisqu'il se fit empoigner si souvent, ne fût-ce qu'à Naples, au Corso, et finalement au Nazareno, où il finit sa triste vie dans la boue, ayant recommencé avec les élèves les mêmes infamies de Naples (1). Vraiment on conçoit l'animation des Scolopi contre ce Visiteur, en voyant leur Général humilié, repoussé, déposé et enfin remplacé par deux scélérats que tous connaissaient, excepté Pietrasanta. On conçoit la persistance universelle, parmi les Scolopi, de cette légende, que c'est le Visiteur qui fit déposer leur Général et supprimer leur Ordre. On n'anéantira pas cette tradition par la discussion plus ou moins habile de quelques textes que nous discuterons à notre tour.

En attendant, une dernière remarque sur ces quatre complices dont l'histoire se confond de telle manière qu'on ne peut les séparer.

Albizi reconnut humblement et franchement ses torts, alors que ses éminents services l'avaient élevé aux plus hautes dignités de l'Eglise.

Les historiens Scolopi ne cachent rien des infamies de leurs deux confrères.

Les Jésuites ne peuvent admettre qu'un seul

(1) L'Anonyme, dans une note, p. 105, semble me laisser la responsabilité de ces accusations honteuses contre Stefano qu'il appelle odieuses et gratuites. On voit, par les enquêtes officielles de Naples, si ces accusations odieuses sont, en effet, gratuites, et, comment, ayant recommencé au Nazareno, les auditeurs de Rote furent obligés de l'exiler à Frascati où il mourut de la même maladie que Mario. On conçoit que le P. Anonyme a tout intérêt à faire planer un doute sur les infamies de Stefano qui accusent la prodigieuse ineptie du Visiteur ; mais alors il faut brûler tous les actes des procès sur lesquels on s'appuie tant.

de leurs frères se soit trompé tout au moins, et peut-être davantage. Pourtant nous entendrons Saint Joseph lui-même, le qualifier des épithètes les plus explicites en le comparant à d'incontestables criminels.

Saint Joseph n'a pas été interrogé.
(Pages 31-33).

Pietrasanta fut nommé Visiteur le 9 mai 1643, et le lendemain 10, sans plus tarder, il commença sa Visite. Que disait le bref de sa nomination ? Il devait faire sa visite dans le chef et dans les membres, *tam in capite quam in membris*, et, le bref ne l'eût-il pas dit explicitement, les convenances le réclamaient; Saint Joseph devait être interrogé le premier. Le P. Ubaldini avait commencé par lui, le fondateur, le Général; son rang, son âge, le rôle qu'il jouait dans sa Congrégation l'exigeaient; c'était lui, surtout, qui était en cause. Ses ennemis l'accusaient d'être un vieillard imbécile, tombé dans l'enfance : était-ce vrai ?

Eh ! bien, voilà la plus inconcevable faute de Pietrasanta, et si vraiment il a été trompé, c'est qu'il l'a bien voulu; il n'interrogea que très tard le P. Général, mais si tard que cela semble impossible. Nous en avons le témoignage :

1° De Saint Joseph lui-même, écrivant le 29 août, 3 mois et demi après le commencement de la visite :

« Nous n'avons pas encore pu parler au susdit Père Visiteur : *Ancora non abbiamo potuto parlare al P. Visitatore suddetto.* »

Un an après le commencement de la Visite, quand l'Institut a déjà été tout bouleversé, ce fait étrange continue encore, car, dans le Mémoire officiel présenté à la Congrégation des Cardinaux députés par les Scolopi indignés, et qui est transcrit mot pour mot dans les actes du procès, ils écrivent :

« Cette suspension (du Général) dure depuis près d'un an, et il n'a pas encore été entendu. »

Donc, au bout d'un an de visite, le Visiteur n'avait pas daigné se renseigner auprès de Saint Joseph.

2° Pietrasanta dépose son rapport le 1er octobre 1643, sans encore avoir vu Saint Joseph, car tous les auteurs contemporains affirment qu'il ne lui parla qu'à la fin de 1644. Déposer le rapport de sa visite, sans avoir vu le Général, lui Visiteur, *tam in capite quam in membris !*

Ce fait est encore plus inconcevable, pour qui connaît la maison généralice de Saint-Pantaléon. Qu'on y entre par l'église et la sacristie, ou par la grande porte de la place des Matelassiers, on aboutit toujours à l'escalier qui conduit à l'Oratoire. Du côté de l'Epître, à droite en regardant l'autel, qui est aussi le côté des fenêtres, est la pauvre petite cellule de Saint Joseph, tandis que du côté de l'Evangile est la sacristie éclairée par un vitrage sur le corridor de l'escalier. C'est presque tout le premier étage. Le Visiteur ne pouvait pas entrer dans cette très petite maison sans rencontrer Saint Joseph fréquemment, ou à l'église ou dans la sacristie du rez-de-chaussée, ou dans les classes situées entre la porte d'entrée et l'escalier, car il ne sortait plus à cette époque de sa vie. Il devait probablement le saluer, je le suppose, mais au bout de deux ans c'était tout. Si c'est là un visiteur impartial, un défenseur de Saint Joseph, je n'y comprends plus rien; aucun texte du procès ne peut détruire cette impression.

LE TÉMOIGNAGE DE SAINT JOSEPH LUI-MÊME
(Pages 33-35).

Cette preuve, à notre avis, étant la plus forte, nous l'avons gardée pour la fin. On admettra que Saint Joseph, si sage, si prudent, ne parlait pas au hasard. Il aurait fait la partie trop belle au Promoteur de la Foi, car tout ce qui suit est tiré des actes du procès et a été pesé par les juges. D'ailleurs, qui plus que lui était intéressé à cette cause qui était la sienne? Qui pouvait la mieux connaître (1) ?

1° Lettre autographe du 19 mars 1664 :

« Monseigneur l'Assesseur et le P. Visiteur aident nos ennemis de tout leur pouvoir, comme je l'entends dire. » — *Lettre au P. Berro.*

2° Lettre du 11 février 1644 :

« Nous savons tous que les Pères Jésuites font tous leurs efforts pour ruiner notre pauvre Institut. On voit plusieurs personnes ayant de l'autorité auprès de Sa Sainteté qui veulent nous détruire à cause de ces trois points. Ils veulent d'abord nous interdire d'enseigner autre chose que l'écriture, la lecture et l'arithmétique... ».

(1) Toutes les lettres de Saint-Joseph sont conservées dans sa chambre, changée en chapelle, à Saint-Pantaléon. Je les ai toutes eues en main. Du reste, la plupart sont imprimées dans les actes des trois procès.

Comme nous l'avons fait remarquer, c'était le grand champ de bataille des Jésuites; jamais ils n'eussent poursuivi l'extinction des Ecoles Pies, si, comme plus tard, les Frères du B. de la Salle, elles eussent consenti à ne donner que l'enseignement primaire. Saint Joseph ne voulut jamais y consentir et les Jésuites continuèrent la lutte, jusqu'à ce que l'Ordre eût été réduit presque à rien. Et quand plus tard l'épreuve fut passée, au bout des dix années prédites par Saint Joseph. les Jésuites firent encore l'impossible pour empêcher la résurrection, puis l'extension des Scolopi, comme le prouvent tant de Bulles des Papes en faveur des Ecoles Pies. Comment les Pères Boero et Anonyme se refusent-ils à une évidence que les traditions de leur Ordre doivent pleinement leur démontrer ?

. . . .

3° Dans sa lettre du 17 mars 1646, Saint Joseph affirme que tout le mal vient du Visiteur dont la visite se prolongeait depuis trois ans. Je l'ai copiée à Rome sur l'original, et non sur les pièces du procès, ce qui du reste reviendrait au même :

« Ce me semble une chose grave que la Visite de trois années de notre Visiteur ait produit un tel effet, parce que les Eminentissimes Cardinaux députés lui ont donné plus de confiance, en sa qualité de Visiteur qu'à aucun autre... — *Mi pare gran cosa que la visita di tre anni del nostro Visitatore abbia partorita un effetto tale, perciocche gli EM. deputati avrano dato più credito a lui come Visitatore, che ad alcun altro...* ».

4° Le 22 mars 1646, cinq jours après la précédente, il annonce aux Scolopi de Messine que tout est consommé, le bref de réduction a été publié ; il en donne les clauses et termine ainsi :

« On dit ici publiquement que tout a été fait par les *Pères Jésuites*, car c'est d'un grand poids que quelques-uns des leurs, dans diverses provinces, aient dit aux nôtres que bientôt la Religion des Écoles pies serait détruite. — *Qui publicamente si dice che questa è stata tutta operazione dei PADRI GESUITI, perciocchè è un gran pezzo che alcuni di loro in diverse provincie hanno detto ai nostri, che presto la Religione delle Scuole Pie si distruggerebbe.* »

Et en effet, la veille même, 21 mars, le P. Vincent écrivait à Saint Joseph :

« Deux Pères de l'Ordre du Visiteur allèrent chez le duc de Matalone, et ont commencé à dire des sottises sur nos affaires et notre Religion, qu'il conviendrait d'enlever de ce monde. — *Furono due Padri dell' Ordine del P. Visitatore, dal Signor Duca di Martalona, e cominciarono a dire spropositi di fatti nostri, e della religione, la quale dicevano conviene levarsi del mondo.* »

5° Le 8 septembre 1646, Joseph écrit à Naples que ces fameuses Constitutions, qui doivent achever la ruine de leur Ordre, ont été rédigées par Pietrasanta. La lettre est longue, en voici la conclusion :

« On attend les nouvelles Constitutions qui renferment beaucoup de sottises contraires au bien de notre Institut. Plusieurs prélats les ont revues, mais aucun n'a encore voulu les approuver ni les souscrire, sinon le P. Pietrasanta. — *Si aspettano le nuove Costituzionzi con molti spropositi contrarii tutti al bene del nostro instituto ; l'hanno reviste alcuni Prelati, ma niuno l'ha voluto ancora approvare e sottoscrivere se non il P. Pietrasanta.* »

———————

APPENDICE II

Le Mémoire de Pietrasanta
en faveur des Ecoles Pies

(Extrait de la « Réponse du chanoine Timon-David... »)
(Pages 38-43)

Le P. Anonyme fait grand fond sur ce mémoire pour prouver que le Visiteur a fait tout ce qu'il a pu pour faire réintégrer Saint Joseph dans sa charge de Supérieur Général et pour sauver son Institut. Que dit donc ce troisième rapport ? Les deux autres sont perdus. Il est daté du 17 juillet 1645, 26 mois depuis le commencement de la visite. Après deux ans, il avait eu le temps de connaître toute chose, puisque 14 jours avaient suffi à Ubaldini. Voici comment il s'exprime sur le Général, sur son Institut et sur les perturbations de l'Ordre; et qu'on dise si vraiment ce rapport est favorable à la bonne ou à la mauvaise cause.

Au 6ᵉ paragraphe il s'exprime ainsi sur le saint Général.

« Le 15 janvier 1643, le père Joseph de la Mère de Dieu, fondateur, fut suspendu du généralat et ses quatre assistants furent privés de leur office. »

Après cette simple constatation du fait, il termine ainsi :

« Il est désirable pour la commune satisfaction de l'Ordre, que le P. Général soit réintégré dans sa charge en lui donnant un vicaire, en considération de son âge de quatre-vingt-huit ans. »

Sur l'état où se trouve l'Ordre, il dit :

« Pendant tout ce temps, par la miséricorde de Dieu, il ne s'est produit aucun cas grave d'inobservance, ni de désordre public... Je dois appeler l'attention de vos Eminences sur ce que, au mois d'août prochain, il y aura trois ans que la S. C. du Saint-Office, par un de ses décrets, a ordonné qu'il ne serait plus admis de novices jusqu'à nouvelle délibération. »

Et voilà tout ! Pas un mot des vertus du saint, de son art dans le gouvernement, de son expérience des affaires, de l'affection unanime de ses religieux, de la lucidité de son intelligence, de sa réputation de miracles, de la parfaite régularité de ses fils pendant qu'il gouvernait, ce qui lui aurait été si facile, s'il avait fait sa visite *in capite*, comme il l'assure faussement, nous l'avons vu au paragraphe précédent. Pas un mot de ses quatre assistants, si ce n'est pour rappeler qu'ils furent déposés ; et cependant telle était leur vertu que trois d'entre eux furent déclarés Vénérables par l'Eglise ; tous les quatre étaient l'élite de leur Société qui les avait canoniquement élus, les hommes de la droite de leur Général, brutalement cassés de leur charge, exilés, victimes avec lui pour être demeurés fidèles. Pas un mot de réparation pour eux et pour tant d'autres si malmenés depuis deux ans. En face des protestations unanimes de tous les religieux. qui s'étaient manifestées plusieurs fois avec tant d'énergie, jusqu'à faire craindre un jour pour la sûreté de Stefano, que Saint Joseph sauva par son intervention, Pietrasanta ne pouvait dire moins, mais il semblera à tout lecteur impartial, qu'après avoir fait tant de mal, il pouvait dire plus; et comme sa manière de faire ne changera pas jusqu'à sa mort, qui le trouva écrivant des Constitutions qui eussent mis le sceau à la destruction de l'Ordre, on comprend très bien que les Scolopi l'aient accusé de faire des rapports privés qui détruisaient les rapports publics. Le résultat final le confirmait.

Mais, en revanche, quel soin, dans ce mémoire, de justifier Cherubini, qui n'avait rien à voir dans ce rapport et en occupe la plus grande place. Qui reconnaîtrait ce Stefano, que nous connaissons si bien, dans ce protégé de Pietrasanta, son panégyriste et son avocat ?

« On a supposé qu'il y avait quelque répugnance à recevoir pour supérieur de l'Ordre le P. Stefano des Anges, député par un bref, comme il a été dit. Mais *tout cela eut pour origine la passion de quelques-uns.* En réalité, il m'est arrivé des lettres de toutes les maisons de l'Ordre, qui l'acceptaient et, le révéraient comme leur supérieur et, *jusqu'à cette heure, il a gouverné avec prudence, avec quiétude et bonne satisfaction.* On a seulement rencontré à Rome de la répugnance de quelques-uns, pour reconnaître le même Père pour supérieur, et pour me reconnaître moi-même comme Visiteur, ce dont il a été nécessaire plusieurs fois de faire part à vos Eminences pour réclamer votre appui. Ceux-ci sont peu nombreux, et, comme ils ont été renvoyés de Rome par votre autorité, on espère un entier accommodement de ceux dont les noms sont donnés à Monseigneur l'Assesseur. »

Convenons-en : qui dut bien rire à la lecture de ce rapport, sinon ce farceur de Cherubini, l'homme de Naples et du Corso, *gouvernant avec prudence, quiétude et bonne satisfaction ?* N'avais-je pas raison de dire, que, pour justifier Pietrasanta, il fallait détruire toute l'histoire de Saint Joseph ?

Nous ne voyons pas que ce mémoire ait produit grand effet sur les membres de la commission députée; elle resta partagée en deux portions égales, et Innocent X la départagea en supprimant l'Institut. Mais les Scolopi protestèrent énergiquement contre les affirmations de ce rapport et surtout contre la lettre justificative de Pietrasanta, écrite *non sine multo felle*, « avec beaucoup de fiel », comme le remarquent les actes (Sum. n° 27, p. 79) :

« Eminentissimes, — les deux députés soussignés, lesquels ont été chargés par le P. Visiteur de faire les instances nécessaires pour le bon gouvernement de l'Ordre, conjointement avec les autres assistants anciens et nouveaux, ainsi que les Provinciaux qui sont à Rome... exposent, même sous serment, que le gouvernement du P. Stefano *n'est pas conforme au service de Dieu, à cause de la mauvaise opinion qu'on a généralement de sa vie.* On peut députer des personnes pour en avoir les preuves et en connaître les causes. Les soussignés déposent juridiquement, et, si on veut, l'on peut s'en informer auprès du P. Général qui le connaît très bien. »

A cette supplique de deux députés, s'en joignit une autre, le 20 février 1614, signée par un grand nombre de supérieurs des écoles d'Italie. Par ces deux pièces, n'y eût-il que celles-là, on voit ce que vaut l'affirmation du P. Anonyme, que Pietrasanta n'avait aucun moyen de s'éclairer, tous les bons religieux ayant été chassés de Rome. Les soussignés conjurent les cardinaux de ne pas permettre qu, le P. Stefano soit élu ou confirmé en sa qualité de supérieur majeur ou pour toute autre dignité, si préalablement on n'a fait une information juridique sur sa vie et ses mœurs. Etait-ce clair ?

On le voit, la lumière ne manquait pas au Visiteur pour connaître la vérité. Un quart d'heure d'entretien avec Saint Joseph, un coup d'œil sur l'enquête de Naples, le récit de méfaits plus récents l'eussent immédiatement éclairé. Comment soutenir après cela qu'il a été trompé par ce fin renard, selon l'expression du P. Anonyme ? Non, il n'a pas été trompé, ou, s'il l'a été, c'est qu'il voulait l'être. Lui, Stefano, était plus franc, et sans chercher à se justifier, il se contente, dans sa réponse de mai 1644, de menacer les signataires de ces deux mémoires, de tous genres de foudres.

. . . .

Grande fut la colère des deux complices en lisant cette justification des Scolopi. Les actes nous la font connaître en termes énergiques.

« A cette provocation du mémoire, comme si la trompette eût éclaté, Stefano et son protecteur, le Visiteur apostolique, s'emportèrent d'une manière merveilleuse, on peut le voir par leurs menaces. La lettre de Stefano existe encore; chacun comprendra, à sa lecture, qu'elle a été écrite sous l'inspiration du démon (Sum. 5°, n° 28). Celle du P. Visiteur est aussi imprimée. On peut voir les commentaires dans la précédente position. Toutes deux paraissent avoir été écrites pour épouvanter les religieux, afin de leur faire donner une attestation en faveur de Stéfano. C'est ce que signifient expressément ces paroles de Stefano : « Et qui voudra se rétracter en déclarant avoir été séduit, sera peut-être à temps. » Le P. Visiteur ne parle pas autrement : « Parce qu'il est signé par des personnes qui prennent de fausses qualifications et que j'ai reçu ordre de châtier. »

Et comme nous craignons de ne pas avoir traduit avec assez de fidélité le Sommaire du procès, en voici le texte exact :

« Ad hujus modi libelli (Scolopiarum) quasi classicum cecinisset mirabiliter exarserunt tum Stefanus, tum ejusdem protector Visitator apostolicus, per fraudem pessime instructus, prout recognosci potest ex utriusque minarum plenis. Epistola Stefani extat, ex cujus lectura quisque facile percipiet, non alio spiritu nisi demoniaco fuisse scriptam. Altera Patris Visitatoris impressa habetur, cujus glosemata videri possunt in precedenti positione. Utraque eo consilio videtur exarata, ut religiosi metu concussi inducerentur ad faciendam attestationem favore P. Stefani. Hoc expresse important verba Stefani: (Nous venons de les donner en français): *Non diverse sonant quae habentur in Epistola P. Visitatoris.* (Nous venons pareillement de les donner). »

Cependant, l'acte de protestation des Scolopi demandant que leur Général fût cité comme témoin d'après les formes du droit, les cardinaux ne purent faire autrement que de le citer. Le Visiteur fut donc contraint d'entendre, de la bouche du saint, les honteux méfaits du P. Stéfano à Naples ; comment le cardinal-neveu lui intima l'ordre d'arrêter ce procès ; comment un acte de condamnation et de suspense n'était pas un acte d'absolution. Est-il possible de soutenir après cela la bonne foi de Pietrasanta, trompé par ce fin renard, à moins de dire qu'il était sourd et aveugle ? Que tout lecteur impartial en juge.

Cette déposition accablante de Saint Joseph suit de près le mémoire de février 1644 et jusqu'en 1647, c'est-à-dire pendant trois ans, Pietrasanta continue à protéger Stefano !

Du reste les moyens de s'éclairer ne manquaient pas au Visiteur ; les mémoires et les réclamations pleuvaient autour de lui, il n'avait qu'à les lire. J'ai perdu patience à en copier seulement les titres, tant ce travail est fastidieux. Nous trouvons entre autre autres, dans le procès :

1° *Supplex libellus nomine PP. Scolarum porrectus, circa annum* 1643 ;

2° Un mémoire italien : (SUM. 2, n°2) *Considération sur la suppression dont il se traite et préjudice qu'on en peut craindre.* Vers 1643, dit le sommaire ;

2° SUM. 2, n° 3, p. 6 : *Argumenta pro præservatione Religionis Scol. Piar. in scriptura anonyma sed valdè ponderosa ;*

4° SUM. 2, n° 4, p. 7 : *Supplex libellus, de anno* 1645, en italien.

Dans tous ces mémoires, le Visiteur pouvait en lire de raides sur Stefano : dans le dernier, par exemple, qui dit qu'on avait dû mettre Cherubini de côté pour des raisons qu'il vaut mieux taire, « *che per digni rispetti si tacciono, fu rimosso* ».

5° Enfin citons le Mémoire italien présenté par le saint lui-même en 1645,

Je m'arrête, je n'en finirais plus. Que ceux que cela intéresse lisent un autre mémoire latin, au Sommaire 2, n° 6, p. 10, etc., etc.

En face de tant de pièces authentiques, on ne peut citer qu'une seule réponse du Visiteur, demandant très modestement la réintégration du Général et la conservation de son Ordre, mais en même temps prenant surtout et principalement la défense de Stefano, tellement qu'il ne semble écrit que pour cela. Comment expliquer cette contradiction ? L'explication est facile : oui, les deux complices voulaient la réintégration du Général et la conservation de son Ordre, mais avec un vicaire à cause de ses 88 ans, et ce vicaire devait être Stefano, qu'il fallait donc justifier à tout prix. Ce n'est pas une hypothèse de ma part, car nous lisons au Sommaire p. 44 :

« Cet audacieux (Stefano), sous prétexte de la vieillesse du serviteur de Dieu, avait usurpé une pleine autorité.

« *Homo enin audacissimus sub pretextu senectutis servi Dei, plenariam sibi juridictionem usurpasset.* »

APPENDICE III

Quelques Extraits de Tosetti

Nous les trouvons tout triés dans un assez mauvais livre, Il Gesuita moderno, *de Vincenzo Gioberti. Cette œuvré fameuse est malheureusement écrite avec plus de véhémence que d'exactitude; il semble que l'auteur ait voulu en faire surtout une illustration de ses idées libérales. D'où les contradictions, les paradoxes et les obscurités d'une thèse qui porte à faux, une animosité qui va jusqu'à l'aveuglement, une méconnaissance de l'histoire que ne rachète pas l'éloquence. Gioberti peut avoir raison très souvent contre le P. Curci ou le P. Pellico, médiocres apologistes de la Compagnie; il a tort dans ses conclusions, et c'est un service qu'il a rendu, lui aussi, aux Jésuites en se rangeant, d'un point de vue aussi fâcheux, parmi leurs adversaires.*

Cependant son sixième tome est composé presque tout entier de témoignages, et quelques-uns sont écrasants. Il faut ranger parmi ceux-là le cha-

pitre consacré à Saint Joseph Calasanz. Gioberti, italien, connaît mieux que Timon-David ce qui a trait aux Ecoles Pies, et il est allé tout droit aux passages les plus significatifs de la Vie la plus autorisée du Saint, celle du Scolope Tosetti. C'est à ce titre que nous les lui empruntons, sans vouloir par là recommander son œuvre ni même comparer les deux écrivains. L'un n'a voulu être qu'un hagiographe édifiant et consciencieux; l'autre est un polémiste, trop préoccupé de politique et trop enthousiaste des idées modernes pour garder beaucoup d'autorité. C'est un « apôtre » de la Jeune Italie plutôt que de l'Evangile, et la supériorité du talent littéraire ne supplée nulle part à la sûreté du jugement.

Mais les faits sont les faits et gardent partout leur valeur, même sous cette plume compromise. Gioberti prête au soupçon; Tosetti a droit à une entière créance. Il n'est pas un seul des traits allégués dans sa Vie abrégée de Saint Joseph, qu'il n'appuie sur des pièces d'archives. Or, à chaque page, sous la réserve des mots, éclate son indignation contre les procédés journaliers du « Visiteur »; et l'on voit assez par ailleurs que le Visiteur, c'est Pietrasanta, comme Pietrasanta c'est toute la Compagnie.

Il ne saurait y avoir de réquisitoire plus accablant contre la forfaiture de tout un grand Corps que ce récit mesuré, discret, des attentats commis par son agent. Tous les mots portent, et l'auteur a l'art de nous donner à deviner encore ce qu'il ne peut dire.

Timon-David lui-même, résumant Talenti, loin d'exagérer les fautes du Jésuite, avait su les voiler plutôt, au moins dans sa Vie du Saint. La brutale vérité apparaît ici tout entière.

Le P. Pietrasanta, S. J. persécute
Saint Joseph Calasanz

L'importance du sujet... me fera pardonner les longues citations ci-dessous, empruntées au plus récent biographe du Saint, Urbano Tosetti. Celui-ci tait sans doute, aussi bien que Talenti, le nom et la qualité du Visiteur; mais à leur silence supplée le P. Stefano Terzoli; lequel s'exprime en ces termes :

> On attendait un nouveau Visiteur, et les deux persécuteurs (Mario et Stefano) s'agitaient pour qu'en fût choisi un qui n'eût pas toute l'attention nécessaire pour discerner le vrai du faux et qui, satisfait de ce titre de Visiteur, laissât entièrement le gouvernement (de l'Ordre) à Mario qui en était le Vicaire général. Ils manœuvrèrent si bien qu'ils obtinrent que fût désigné, le 9 mai de la même année (1643), le P. Pietrasanta, de la Compagnie de Jésus (1).

Il est du reste évident, à s'en rapporter aux nombreux témoignages des biographes, que la persécution ne fut pas seulement le fait personnel du Visiteur, mais celui de la Compagnie. Voir entre autres Talenti (2).

Saint Joseph, en personne, écrivait au P. Ministre des Ecoles Pies de Messine :

> ... Ici, publiquement, l'on conte que tout s'est fait par l'opération des *Pères*..... La preuve très claire en est que certains d'entre eux, en diverses provinces, ont dit aux nôtres que bientôt l'Ordre des Ecoles pies serait détruit. Que le Seigneur accorde à tous sa sainte

(1) Cité par Tosetti, *Villa di S. Giuseppe di Calasanzio*, Firenze, p. 167.
(2) Talenti, Rome, 1753, pp. 351-391.

grâce, et à nous la patience et la résignation à sa très sainte volonté (1).

Ceci posé, laissons la parole à Tosetti.

I

..... De cette démission (celle du P. Agostino Ubaldini, somasque, le premier Visiteur nommé par la Curie pour examiner les accusations formulées contre le Saint par Mario Sossi et par Stéfano Cherubini, ses persécuteurs), les bons furent attristés, et les deux méchants exultèrent. Ils ne perdirent pas de temps pour mettre en œuvre leurs artifices et multiplier leurs pressantes manœuvres afin d'obtenir un Visiteur de leur trempe. Grâce à l'appui de l'Assesseur trompé par leurs intrigues, ils l'obtinrent, et le 9 mai, le Bref apostolique en fut expédié. Dieu, qui dispose toutes choses pour purifier ses Saints, grâce à l'épreuve de la tribulation, permit que le nouveau Visiteur ne suivit pas le sentier de la justice. Par un secret dessein du ciel, il devint le chef du triumvirat qui s'efforça d'opprimer la manifeste innocence du Saint, lui fit boire jusqu'à la lie le calice d'amertume, et surtout visa à la destruction de l'Ordre qu'il avait fondé. Des faits aussi frappants et aussi étranges ne sauraient être passés sous silence par l'historien sans faire affront à la vérité, sans diminuer la vertu et la gloire de Calasanz et sans dérober aux fidèles de nouveaux motifs d'édification (2).

Le nouveau Visiteur s'empressa de prendre possession de sa charge le 10 mai 1643, dans les trois maisons de Rome. Le 13 et le 15, il expédia sa circulaire à l'adresse de tout l'Ordre, et le 17 il déclara Stefano

(1) *Ibid.* p. 399.

(2) Tosetti appuie toutes ses affirmations sur des pièces d'archives. Globerti rapporte ces références. Elles ne serviraient ici de rien, et il nous suffira de renvoyer le lecteur à l'ouvrage original.

Cherubini Procureur général. Mario, premier Assistant sous le couvert du Père Visiteur, inaugura ses fonctions en frappant et foulant aux pieds le très saint vieillard de toutes les façons les plus indignes et les plus inhumaines. Il retenait et ouvrait toutes les lettres par lui écrites ou à lui adressées ; il lui enleva des mains tous les registres de l'Ordre; il déchira sous ses yeux, outrageusement, celui où il avait coutume de noter ses souvenirs les plus intéressants ; il le priva, à l'âge de quatre-vint-sept ans, du secrétaire qui l'aidait à écrire ses lettres; il défendit à tous de le visiter dans sa cellule ; il éloigna de Rome plusieurs de ceux qui eurent à cœur de ne pas abandonner leur Père. Parmi des traitements si cruels, jamais on ne surprit sur le doux visage du Saint une ombre de trouble ; jamais, de cette bouche admirable, on n'entendit un mot de plainte. Il savait, jusque dans la personne de son tyran, respecter le caractère de Supérieur, et il lui rendait humblement, au grand émerveillement et à l'émotion profonde de tous, ses devoirs de révérence et d'obéissance. Il ne sortait jamais de la maison sans s'être présenté à Mario, avoir demandé à genoux sa bénédiction et sollicité de lui un compagnon à son gré. Le perfide le recevait d'un air plein d'arrogance et de sévérité et, lui ayant assigné un *socius*, le congédiait en l'accablant d'épithètes injurieuses, dont les plus ordinaires étaient celles d'hypocrite et de balourd. Au retour du Saint, Mario l'accueillait de la même façon ; il se faisait ensuite rendre compte par son compagnon de toutes ses paroles et de tous ses pas, afin d'y trouver prétexte à le brimer davantage. Joseph, d'un esprit tranquille, bénissait le Seigneur et considérait comme des faveurs tous les outrages, altéré d'humiliations plus grandes encore en expiation, comme il disait, de ses péchés. Un prince romain fit une fois cadeau au Saint de cent écus, afin qu'il s'en servît pour sa défense. Calasanz les porta sans différer à son pervers oppresseur, bien qu'il prévît bien que celui-ci en abuserait contre lui. Il se borna à en réclamer une part très minime, afin d'acheter des images de piété à envoyer à certains maîtres qui les lui avaient demandées pour les distribuer à leurs petits élèves. Mario prit l'argent et eut bien de la peine à en distraire quelques sous pour le fondateur. Voilà un exemple des premiers fruits que produisirent les mesures prises par le nouveau Visiteur.

Les trois Assistants que Mario avait fait nommer avec lui, étaient des hommes calmes, simples et droits, à ce qu'on dit ; ils n'avaient pas la vertu de leur Père. Ce furent eux pourtant qui, révoltés par la barbarie dont Mario usait à l'égard du vénérable vieillard, ne purent le souffrir davantage ; et, comme Calasanz se taisait, ils résolurent de rompre le silence. Un mois ne s'était pas encore écoulé depuis leur élection qu'ils condamnèrent ouvertement l'iniquité de leur collègue, se séparèrent de lui et renoncèrent à leur charge, se lavant les mains, pour s'en innocenter, de l'énormité d'un tel crime. Mario, irrité de leur geste et ne pouvant plus se décharger sur eux d'une partie de ses méfaits, s'en va un jour, tel une furie d'enfer, trouver le Saint, qu'il trouve à l'Oratoire plongé dans la contemplation ; et, tout écumant de rage : « *Vieux fou*, lui dit-il, *qui retombes en enfance ; ceux-ci ne veulent plus m'obéir, et tu ne t'en inquiètes pas ; j'ai mis l'Ordre presque en ruines, et j'aurai fini de le détruire avant que tu ne m'arrêtes.* » Le malheureux ! Il avait conscience d'être mauvais, et il n'en voyait pas les conséquences. Joseph, sans s'émouvoir, lui répondit : « *Ce sont des hommes que vous avez choisis vous-même ; ce n'est pas moi qui vous les ai imposés. Prenez garde au châtiment de Dieu pour le dommage que vous causez à l'Ordre ; puisse sa colère ne s'appesantir pas sur vous bientôt !* » Véritable prophétie, comme nous le verrons ! Quant au Père Visiteur, à la première ouverture que lui firent les Assistants pour que fût acceptée leur démission, il les combla de bonnes paroles afin de les rassurer ; mais, à leur seconde démarche, où ils lui rapportèrent avec plus de précision les insoutenables procédés de Mario, il s'emporta contre eux avec tant de colère qu'il les traita de réfractaires et de rebelles au Saint-Office ; et il protesta que jamais plus il ne les reverrait, ce qu'il observa par la suite. Ces misérables persécuteurs se couvraient toujours, en effet, de l'incorruptible Tribunal du Saint-Office pour ne pas laisser rompre le fil de leurs impostures et de leurs supercheries. Dès lors, le Visiteur, avec le seul Mario, soumit tout l'Ordre à ce gouvernement tronqué et irrégulier. Seuls ils traitèrent de toutes les affaires. Ainsi leurs iniques attentats n'avaient plus de témoins.

Un des artifices du triumvirat pour ruiner les Ecoles pies, but de leurs efforts depuis les premiers jours de la Visite, fut de réexciter sous main les turbulences déjà assoupies des Frères lais qui prétendaient à la cléricature ou à la nullité de leur profession. Mario lui-même, pour fomenter l'agitation, n'avait pas honte de se souiller du crime de simonie, en vendant aux Frères lais des lettres dimissoires pour se faire ordonner. Le Père Visiteur ne l'ignorait pas, car il en fut avisé par lettres expresses du P. Bandoni, qui demeurait à Naples. Mais il ne jugea pas à propos de réprimer ce sacrilège. Ces délits servaient trop opportunément ses projets. Des premiers troubles persistaient quelques germes, peu graves sans doute, mais suffisants pour que le Visiteur pût représenter au Pape qu'il était expédient de tenir une Congrégation particulière pour les Ecoles Pies, afin de prendre quelque décision, émanant de la suprême autorité, qui mît fin à tous les désordres. Cette proposition fut agréée ; et Sa Sainteté, comme membres de cette Congrégation, nomma vers la fin d'août quatre Cardinaux : à savoir, Roma, Spada, Falconieri, Ginnetti, et deux prélats, à savoir Mgr Francisco Paulucci et Mgr l'Assesseur du Saint-Office. Il importe, par contre, de ne pas passer sous silence que, par une exception rare, fut exclu de cette assemblée le cardinal Cesarini, protecteur de l'Ordre ; et ceci encore reste assez mystérieux. Cesarini connaissait bien l'iniquité du triumvirat ; il vénérait la sainteté de Joseph et il estimait l'Ordre dont il avait assumé la protection. Le Visiteur, au contraire, était l'ami et le confident du Cardinal Roma, chef de la

Congrégation. Seul, il mena la nouvelle enquête orale, seul il rédigea le rapport écrit sur l'état des Ecoles pies ; et ce qui semble le plus étrange, depuis le jour où s'était ouverte la visite, pas une fois il n'accorda audience au Saint mis en accusation. Le 1er octobre, se tint la première session ; mais le lecteur ne pourra croire quel fut l'unique article préliminaire soumis à la discussion dans cette séance. Le voici : *Devait-on abolir tout à fait l'Ordre des Ecoles pies ?* En vérité, ce n'aurait été là que la question finale, même s'il s'était agi d'un Ordre qui eût professé ouvertement le libertinage, soutenu avec obstination des erreurs contre la Foi ou commis d'atroces crimes d'Etat. Quelle puissance n'avait donc pas le Père Visiteur ! Et c'était son but que d'échauffer l'ambition de Sossi et de Cherubini pour leur faire tenir à vif les désordres opportuns ; mais adroitement il cherchait à les tromper eux-mêmes. Ils voulaient dominer et non détruire l'objet même de leur convoitise ; ils ne cherchaient pas à être sécularisés, ce qu'ils auraient pu cent fois obtenir, s'ils y avaient trouvé leur compte. Cependant, la décision fatale était déjà prête d'après les votes de la majorité, grâce aux informations fournies par le Père Visiteur, auquel les juges s'en étaient rapportés, le croyant homme de probité ; mais Mgr Paulucci s'y opposa avec tant d'énergie, invoquant pour motifs et la justice et l'honneur du Siège Apostolique et l'utilité publique, qu'il ramena à son avis trois Cardinaux. Il fut décidé qu'il n'y avait pas lieu d'abolir l'Ordre.

Ni Calasanz, ni les meilleurs de ses fils n'avaient jamais pensé qu'on en viendrait si vite aux extrêmes ; mais ils avaient deviné que toute cette trame était ourdie en vue de leur destruction. A peine la nomination du Père Visiteur était-elle divulguée, que tous pronostiquèrent la déposition du Saint et la ruine de l'Ordre. Et ce n'était pas un présage déduit uniquement du caractère du Visiteur ; il s'appuyait sur les lettres expresses que ses amis de Rome (1) envoyaient

(1) Comme on le verra, cette périphrase désigne partout le confrères du P. Pietrasanta.

de tous côtés, ayant entendu cette condamnation tomber de sa bouche au cours de ses conversations familières. Non seulement le bruit en courait à Rome, mais encore l'écho en revenait, dans la correspondance du Saint, de Naples, de Gênes, de Strasniz, de Varsovie, où les nôtres en reçurent avis de la Cour. Cette Cour, grâce à des informations reçues de Rome, était même si assurée du coup de main projeté contre les Ecoles pies que le Grand Chancelier, duc d'Ossolin, dès avant que la Congrégation spéciale fut créée par le Pape, écrivit une lettre très pressante au Cardinal Francesco Barberini pour le prier de suspendre la menace. Il ne sera pas inutile de rapporter textuellement ici cette pièce :

« *Tous ceux qui, touchés du bon exemple et de la sainteté de vie des Pères des Ecoles pies, travaillaient à les introduire (en Pologne) s'affligent à la nouvelle que, par la faute de si peu d'entre eux, on procède à la dispersion et au déshonneur de tout l'Ordre. J'ai toujours reconnu cet Institut comme très saint et nécessaire au public. Je ne puis donc ne pas recommander chaleureusement à Votre Eminence la piété des meilleurs Pères, ainsi que la conservation de la réputation et du bon renom de cette Religion, inclinée par elle-même à la vie apostolique, afin qu'elle puisse suivre sa vocation au moyen, s'il le faut, de graves mesures contre les coupables et les séditieux, contre ceux surtout qui par ambition déchirent leur propre mère. Nous vous serons ici particulièrement reconnaissants si une pieuse résolution de Votre Eminence réussit à faire revivre plus pure que jamais cette institution ; et humblement incliné devant Votre Eminence, je la supplie d'avoir spécialement égard au scandale que pourrait occasionner dans notre septentrion, face aux hérétiques, la chute d'un Ordre religieux déjà si réputé parmi eux.* »

Le Roi Ladislas IV en personne écrivit peu après, dans les mêmes termes, au Cardinal Giullo Savelli, protecteur de la Pologne. Tant il est vrai que, dans l'esprit du Père Visiteur, le plan était fait et devait être exécuté.

Mais retournons à Mario.....

II

... Le Père Visiteur fut fidèle à sa parole. Le lendemain de la mort de Mario, il adressa à tous les Supérieurs de l'Ordre une lettre circulaire, les avisant *que la Congrégation des Eminentissimes Cardinaux chargée des affaires des Ecoles pies a subrogé, à la place du P. Mario, comme Supérieur unique et universel de tout l'Ordre, le P. Stefano Cherubini, dit le P. des Anges, auquel tous devront obédience,* etc... Observons qu'en fait l'assertion arbitraire du Père Visiteur ne tient pas debout ; la Congrégation n'a tenu en ce temps-là aucune séance ; parmi ses actes, dont les originaux subsistent dans nos archives, il n'est pas dit mot de cette subrogation ; celle-ci, enfin, dépassait les pouvoirs de la Congrégation. Les religieux de Rome et de toutes nos Provinces, qui espéraient qu'à la mort de Mario leur saint Général serait rétabli dans sa charge, furent profondément émus et choqués par cet avis et cet ordre. Ils ne pouvaient tolérer que l'innocence fût tenue plus longtemps sous le joug de l'oppression et que fût promu au gouvernement de l'Ordre un homme scandaleux, discrédité et notoirement pervers. Mais le Visiteur, qui avait semé partout le bruit de prétendues discordes, savait trop bien que régnait au contraire dans tout l'Ordre un esprit de concorde qui démentait ses dires et condamnait ses actes. De toutes parts se multiplièrent, cette fois, les plaintes les recours, les exceptions de nullité, les protestations : nul ne voulait reconnaître pour supérieur un homme, qui s'emparait en intrus du pouvoir sans autorité légitime et sans autre mérite que ses vices. Seul, Joseph déplorait en secret dans son cœur la dévastation de sa vigne de prédilection ; il priait et se taisait. Mais le Visiteur jugeait précisément Cherubini trop apte à appuyer sa thèse pour abandonner l'entreprise et cesser de le soutenir. Et Stefano, de son côté, se fit un mérite d'imiter la dureté de Mario en insultant et maltraitant le très doux vieillard, auquel était si fortement attaché le cœur de tous.

Le Visiteur eut-il conscience de l'iniquité de cette attitude, je l'ignore, mais il vit bien qu'il était difficile de l'imposer, et il jugea opportun d'user d'une feinte douceur pour ne pas compromettre le point qui l'intéressait davantage. Il tenta de faire reconnaître Stefano comme supérieur au moins par les religieux de Rome, et de tirer tout l'avantage possible de ce « bon » exemple. Il se rend un jour avec Cherubini à Saint-Pantaléon, rassemble la communauté, lui adresse un discours pathétique sur l'obéissance et la paix, les exhorte tous à reconnaître par un acte d'humilité chrétienne le P. Stefano pour leur Chef et leur promet solennellement en retour que, d'ici quelques jours, lui-même rétablira le Père Général dans ses fonctions. Mais personne ne jugea sincères ces suaves paroles ni ces promesses ; et si les expressions de la vertu chrétienne parurent familières aux lèvres de l'orateur, les sentiments en semblèrent étrangers à son cœur. Discrédité, avec tant de preuves à l'appui, comme maître en intrigues et en tromperies, il n'était guère possible qu'il pût en un tour de main les faire revenir tous sur ce jugement. Aucun n'en voulut démordre. Les plus anciens, les plus vertueux se continrent et restèrent cois ; les autres, non moins fermes, ne purent retenir quelques signes de réprobation et de menace. Le Visiteur, pour ne pas compromettre son autorité et son prestige, eut l'habile prudence de se retirer ; et il abandonna Cherubini aux premiers éclairs de l'orage. Celui-ci, une fois seul, ressentit toute la confusion, le remords et la crainte, auxquels leur conscience expose les méchants ; redoutant les ressentiments et les insultes, il chercha un refuge. Mais où le trouver? Le Saint vivait retiré dans sa cellule contiguë à l'oratoire. C'est là que s'enfuit Cherubini tremblant. Se jetant aux pieds de Calasanz, il implora son secours.

Aussitôt Joseph l'embrasse, tel un tendre Père, le relève de terre, l'encourage, et l'ayant pris amicalement par la main le ramène à l'oratoire. Là, il parle à tous en faveur de son ennemi, il les exhorte au grand sacrifice ; lui-même, le premier, rend en public à son fils ingrat ses devoirs de respect et d'obéissance, comme un sujet. Le tumulte se change sur le champ en émerveillement ; chacun se sent touché par l'humilité, la mansuétude et la charité du bon Père ; et sinon par la force de la persuasion, du moins par un tribut de respect, tous suivent aussitôt son exemple. Ainsi Cherubini, grâce à la vertu généreuse de Calasanz, obtenait ce que n'avaient pu faire les rouerics du politique Visiteur.

Les intentions hostiles de celui-ci étaient si manifestes que les Provinces n'hésitèrent pas d'ailleurs à s'en plaindre tant à lui-même qu'à la Congrégation. Il leur répondit par une longue lettre, en forme de manifeste, où il s'efforçait de se justifier, et il l'envoya à toutes les maisons de l'Ordre. Les Religieux répondirent aussitôt à cette apologie, et lui prouvèrent avec évidence que ses paroles étaient démenties par les faits ; qu'il tendait à la destruction de l'Ordre, qu'il s'était allié à Cherubini pour opprimer leur saint Général ; que celui-ci, en neuf mois de temps, n'avait pas été entendu une seule fois, et qu'ils ne croyaient que trop vrai ce qui avait été répandu, à savoir qu'il voulait faire nommer ce même Cherubini Vicaire général. Le Visiteur avait nié ce dernier fait dans son apologie du 7 février, disant : *Jusqu'au jour présent on n'a jamais pensé à cela ; même le Père Stefano n'y a jamais prétendu, ne l'a ambitionné ni obtenu.* Or, il avait entre les mains un Bref expédié dès le 10 novembre de l'année précédente, par lequel Sa Sainteté nommait Vicaire général le P. Stefano Cherubini ; bref dont le Visiteur se prévalut par la suite pour brimer à nouveau Calasanz. On lui reprochait encore en face d'avoir expédié à Cagliari des ordres ostensibles, alors qu'il en donnait en même temps sous main d'autres tout contraires. On lui signifiait enfin que ses amis (1) ne s'avanceraient pas jusqu'à annoncer partout comme certaine et prochaine la destruction des Ecoles pies, s'ils n'avaient reçu de lui la révélation du mystère. A quoi le visiteur jugea plus sûr de ne plus répliquer, sans renoncer pourtant à son dessein.

Le 1er août, fut révélé le secret du bref rendu en faveur de Cherubini et du Père Visiteur. Celui-ci en adressa partout des copies hors de Rome, pour que Stefani fût reconnu comme Vicaire général dans tout l'Ordre. Mais on n'en parla pas à Rome même. Au nom de la Congrégation, on intima seulement à Joseph l'ordre de le faire exécuter, bien qu'il ne fût ni publié ni même produit. Le Saint n'avait plus aucune part au gouvernement de son Ordre, mais on se servait de sa vertu et de son crédit pour l'achever lui-même, de même que le pécheur abuse des dons de Dieu pour l'offenser.

III

... Au début de cette année 1645, le Saint tomba si gravement malade, qu'on craignit sa mort, d'autant plus que ses quatre-vingt-neuf ans d'âge ne lui laissaient pas la force de résister à la violence du mal. Mais le Seigneur le visita seulement pour exercer sa patience, et non pour lui donner la couronne de justice : il lui manquait encore le mérite des plus dures épreuves. L'homme de Dieu s'affligeait grandement de la faiblesse où se trouvait réduit de plus en plus, sans bruit, le corps entier de l'Ordre. Des religieux mouraient et le Visiteur maintenait ferme sa défense de recevoir des novices, et il était impossible, en conséquence, de former de nouveaux ouvriers. La consolation même des fruits abondants de conversion que ses Fils recueillaient parmi les hérétiques de Pologne, de Moravie et de Bohême, et les fréquentes demandes de fondations qu'il recevait, dégénéraient

(1) Voir note p. 148.

pour lui en chagrin, car celui qui le pouvait ne voulait pas et lui qui le voulait ne pouvait pas satisfaire à ces besoins. Cependant les intrigues ne cessaient pas ; elles gagnaient au contraire du terrain, ayant surpris sous le nouveau Pape la faveur d'un puissant ministre de la Curie. Le Saint multipliait les prières et demeurait inébranlable dans sa confiance en Dieu, sous le patronage de la Vierge Marie. Il ne négligea pas néanmoins d'employer les moyens humains que lui suggérait la prudence Pour défendre sa cause, qu'il appelait la cause de Dieu, il fit appel a deux excellents avocats, Francesco Firmiano et 'Teodoro Amideno, auxquels s'adjoignit spontanément Mgr Bernardino Panicola, qui avait été naguère le fils spirituel de Calasanz. Cet évêque eut en outre, à plusieurs reprises, de sérieuses conférences avec Cherubini, auquel il fit entendre que les mesures du Père Visiteur tendaient toutes à la destruction de l'Ordre et par conséquent étaient dirigées aussi contre lui. Il avait même réussi à le gagner ; mais Monseigneur l'Assesseur et le Père Visiteur, informés par Cherubini lui-même, surent le ramener à eux. Ils lui promirent qu'à la dissolution de l'Ordre, il serait nommé Recteur du Collège Nazareno, où il pourrait vivre d'une façon 'ndépendante et honorable. Un homme affamé saute sur une bouchée de pain sans examiner s'il ne s'y cache pas quelque poison ; et le Visiteur avait trop d'intérêt à ce que ne fût pas démontée la pièce maîtresse de sa machination. Cherubini reprit donc vite ses premiers sentiments et recommença, avec plus de vivacité que jamais, à traiter, comme le Visiteur, le P. Joseph de bon homme, sans doute, mais sot et obstiné.....

IV

... La Congrégation désignée devait tenir bientôt une autre séance ; le Visiteur et Stefano se donnèrent beaucoup de mouvement pour la disposer à dissoudre l'Ordre et à maintenir Joseph éloigné du gouvernement. Cette session se tint enfin le 18 juillet et montre toute attente, décida que le fondateur reprendrait sa place et que les Ecoles Pies conserveraient leur qualité de grand Ordre religieux. Les Cardinaux de la Queva et Ginnetti, ainsi que Mgr Paulucci, avaient soutenu avec tant de force le parti de la justice que l'Assesseur lui-même fut contraint à se ranger à leur sentiment. Incroyable fut l'allégresse des Religieux ; toutes les Provinces la manifestèrent par des démonstrations publiques. Celles-ci pourtant affligèrent le Saint, qui conseillait à ses fils l'égalité d'âme et une pareille conformité à la volonté divine dans la bonne comme dans la mauvaise fortune. Le Visiteur et Cherubini, surpris par ce décret, ne perdaient pas courage, et n'ayant pu l'empêcher d'être rendu, ils s'efforcèrent d'en faire suspendre l'exécution. Le puissant Visiteur réussit à imprimer dans l'esprit du Souverain Pontife des sentiments plus durs et plus défavorables contre les Ecoles Pies. Et pour éluder le premier décret de la Congrégation, il lui présenta un Mémoire hypocrite, où, sous couleur de zèle pour le salut de l'Ordre, il projette de *réduire les Ecoles Pies au titre de Congrégation semblable à celle des Pères de l'Oratoire, instituée par Saint Philippe de Néri, et ainsi, prétend-il, on arrivera à conserver l'Institut.* Ce Mémoire contient dix paragraphes meutriers, et il a été imprimé au sommaire des procès (de canonisation) quoique sans nom d'auteur. On y lit : *Il s'agit d'une Religion, qui a grandi et s'est répandue par désobéissance au Siège Apostolique, lequel lui avait interdit de se propager à plus de 20 milles de Rome. Elle ne peut justifier par quelle autorité elle est passée en plusieurs Provinces, voire en Allemagne et jusqu'en Pologne. On dit que le Général lui-même ne sait pas s'abstenir, durant la suspension de charge qu'il subit, de l'exercice, de son autorité, voire en choses prohibées par la Sacrée Congrégation du Saint Office, etc...* Le rapporteur ajoute qu'en punition de sa désobéissance, Calasanz s'est rendu justement inhabile à sa charge ; il conclut que *tant les nouveaux Assistants que les anciens, et les partisans même du Père Général assurent que, sous son gouvernement, l'Ordre ne saurait se maintenir, etc...* Encore n'est-ce là qu'un faible aperçu des copieuses calomnies qui émaillent ce Mémoire d'un étonnant cynisme et qui trahissent le fâcheux caractère du Père Visiteur. Il est vrai qu'il a fini par faire au procès de canonisation la figure qu'il méritait ; mais en attendant il était parvenu à ses fins et fit, comme nous le verrons, bien souffrir le Saint. Je laisse, en effet, de côté ses autres attentats pour ne pas manquer à la brièveté qu'exige ce résumé. Le lecteur qui voudra en avoir une entière idée, peut consulter la *Vie* très répandue de Calasanz, écrite par le P. Vincenzo Talenti, déjà nommé, publiée en 1753 à Rome (1). Pour moi, il convient de couper court...

V

... Pour comble d'affliction, Cherubini et le Visiteur répandaient partout, tant par écrit que de vive voix, que Calasanz était cause de l'abolition de l'Ordre par sa sottise et son obstination. Par sa *sottise* : car, inapte au gouvernement, il n'avait pas consenti à céder sa charge à quelqu'un qui fût doué de l'habileté nécessaire pour administrer son Institut avec honneur et avantage ; autant dire qu'on voulait que le troupeau, abandonné par son pasteur, fût livré sans défense à la merci du loup. Par *obstination* : car il n'avait jamais voulu se plier à ce que les Ecoles Pies ne pussent enseigner autre chose que les éléments de lecture, d'écriture et d'arithmétique, ainsi que le Père Visiteur l'avait proposé à la Congrégation afin de ruiner indirectement l'Institut s'il ne pouvait réussir à l'abolir directement. Il est bien vrai que Joseph s'était opposé à une réforme aussi désavantageuse à l'utilité publique ; qu'il avait adressé ses remontrances sur cet article aux membres

---

(1) La *Vie* de Talenti, que Tosetti recommande ici à ses lecteurs, est la plus ample des biographies du Saint. L'histoire de la persécution jésuitique s'y étend de la page 335 à la page 419, et tout le récit s'y appuie sur les documents originaux, fondus et utilisés avec un art admirable.

de la Commission et que, dans le Mémoire écrit pour sa défense, ses avocats Firmiano et Amideno avaient traité ce sujet. Or, le Père Visiteur cherchait justement à restreindre sur ce point la charité de Joseph, toujours si large de cœur, et à limiter le bénéfice de ses efforts aux tout petits enfants pauvres, en dépit du dommage causé à la république chrétienne et des maximes de l'Evangile qui souhaite de voir se multiplier les ouvriers partout où abonde la moisson. Et si Joseph, remarquons-le, avait consenti au projet qui mutilait son Institut, il eût été, sans doute, au gré du Visiteur, un Supérieur sage, et non plus un stupide et un incapable. Mais de monstrueuses contradictions se rencontrent inévitablement dans ces discours de la malice et de la passion. Le Saint, apprenant que ses deux persécuteurs retournaient contre lui l'accusation de détruire son œuvre, ne se répandit pas en vaines apologies ; il se contenta de répondre prophétiquement : *D'ici deux ans, les auteurs de cette calomnie et moi, nous serons cités en jugement au tribunal de Dieu, et l'événement fera éclater aux yeux de tous la vérité.* Prédiction qui se vérifia entièrement, car les persécuteurs, précédant le Saint qui mourut au bout des deux ans fixés, passèrent de ce monde en l'autre, où le mensonge ne prévaut plus mais reçoit son châtiment.

A ces deux sujets d'affliction s'en joignait un troisième, peut-être plus grave encore que les précédents. Innocent X, ayant promulgué le Bref d'abolition, chargea Monseigneur l'Assesseur de rédiger les Constitutions et les Règles destinées aux Ecoles pies réduites au titre de simple Congrégation, et l'Assesseur se déchargea de cet office sur le P. Stefano Cherubini sous la direction du Père Visiteur. Aussi Calasanz redoutait-il qu'un dernier orage ravageât sa vigne bien-aimée, car il conjecturait assez, d'après le caractère de ces faiseurs de règles, quelles elles pourraient être. Rapidement celles-ci furent rédigées et mises en forme ; mais le système conduisait précisément les Ecoles pies à la ruine complète. La revision en fut confiée par le Pape à quelques Prélats, mais ceux-ci ne purent les approuver en raison des nombreux articles directement opposés au bien de l'Institut. Calasanz, ayant vu les prodromes de ce nouvel orage, avait supplié Dieu de le dissiper, et il avait conçu une ferme espérance. *J'espère*, écrivit-il au P. Longa à Palerme, *qu'avant la publication* (des nouvelles Constitutions) *Dieu trouvera quelque remède à propos.* Le remède que Dieu trouva fut d'enlever de ce monde le P. Visiteur, avant qu'il eût la satisfaction d'arracher au Pape l'approbation de ces règles exterminatrices. Atteint de la maladie de la pierre, il dut se soumettre à la taille. L'opération réussit. Cependant les souffrances continuaient. Le soir du 5 mai 1647, il prit de l'opium afin de dormir ; mais ce fut pour lui le sommeil éternel. On le trouva mort dans son lit le matin du 6. Il y avait juste trois ans qu'il avait été nommé Visiteur et qu'il s'était fait le persécuteur de Calasanz. Quand le Saint apprit la nouvelle de sa mort, il en éprouva une vive douleur. Il fit rassembler tous les Religieux dans l'oratoire privé, prêcha l'éloge du défunt, manifesta la respectueuse gratitude qu'on doit aux exécuteurs des volontés divines ; il ordonna à tous des prières pour l'âme du Père Visiteur, comme s'il eut été un insigne bienfaiteur de l'Ordre, et protesta qu'il *avait toujours prié pour lui avec la plus grande affection.* C'est la charité envers les ennemis, qui, au dire du Docteur Angélique, est « le comble de la perfection chrétienne », et les procès de canonisation nous apportent bien d'autres témoignages splendides de cette vertu chez notre Saint.

Le Visiteur une fois mort, on ne parla plus des nouvelles Constitutions, et les Ecoles Pies continuèrent à se gouverner d'après les Règles de leur Saint Fondateur...

⁂

Un peu plus loin, Gioberti donne le programme d'éducation des Scolopes ainsi qu'une déclaration du P. Solari, en leur nom, au sujet de certaines calomnies du P. Pellico S. J.

Et nous n'avons pas à les défendre contre ces accusations de libéralisme, pas plus que contre celles de jansénisme avant la Révolution : c'est une autre question, étrangère au présent débat.

Mais la lettre du P. Solari rentre trop dans notre sujet pour que nous ne la donnions pas ici.

C'est en 1847 que le P. Boero, S. J., cyniquement, imprimait : « Aucun sentiment d'animosité n'a jamais existé entre nous et les Écoles pies. » Nous avons vu ce qu'il en était pour le passé ! Mais, presque à la même heure, — Il Gesuita moderno est de 1848, — écoutons la réponse du P. Solari. C'est un modèle de cette défensive-offensive, où tous les traits de l'apologie sont autant d'épigrammes contre l'adversaire :

...Aux Scolopes, il appartient de repousser l'accusation d'être *des laïcs plutôt que des ecclésiastiques,* qui perce sous les insinuations de P. Pellico ; et c'est ce qu'ils font ici.

Les Scolopes sont des ecclésiastiques : ils portent le nom de Clercs réguliers ; mais tout Clercs et ecclésiastiques qu'ils sont, ils ne s'immiscent pas dans ces fonctions spéciales du sacerdoce, qui sont le propre du ministère séculier et auxquelles ils ne sont point appelés ; ils ne portent ombrage, ni aux Évêques, ni aux curés ; ils ont horreur de mettre la faux dans la moisson d'autrui ; ils se contentent de travailler à cette partie de la vigne du Seigneur qui leur a été confiée, obéissant à leurs Constitutions qui, à plusieurs reprises et chaudement, leur recommandent cette réserve. Encore moins les Scolopes promeuvent-ils, dans leurs églises ou dans leurs collèges, des dévotions nouvelles, bizarres, puériles ; ils ne se complaisent pas aux fêtes fréquentes, somptueuses, toutes de luxe, en quoi plusieurs font consister la religion et le sacerdoce : aussi ne croient-ils pas avoir encouru, de ce fait, de la part de quiconque sait ce que c'est que le sacerdoce et la religion, le reproche d'être des hommes qui tiennent plus du laïc que de l'ecclésiastique.

Secondement, les Scolopes sont des instituteurs clercs et de règle claustrale ; mais ils savent que leur office est d'adapter la forme de l'éducation aux conditions diverses des jeunes gens qu'ils se chargent d'élever, et non pas ces conditions à l'éducation reçue : c'est pourquoi, élevant des laïcs, ils ne les forment pas à l'obéissance passive propre aux Religieux, ni au détachement des biens les plus chers comme les mystiques, ni au dégoût de tout ce qui récrée comme des anachorètes, ni à l'habitude de tenir les yeux baissés, ni aux longues prières des solitaires, toutes choses qui conviennent mal aux laïcs.

Pour former ces enfants à la vérité et à la vertu, ils usent, non d'autorité, mais de la force plus efficace de la raison ; ils s'emploient à tenir très vif dansle cœur des petits l'amour de leurs parents ; et ils font servir cet amour d'aiguillon très efficace pour le bien. A l'ardeur de l'âge, ils offrent le dérivatif d'honnêtes divertissements, qui, outre leur importance hygiénique, ont une valeur morale de premier ordre. Tout en veillant à rendre modestes ces enfants, les Scolopes prennent soin qu'ils soient gais, alertes, sociables, tel qu'un laïc doit se montrer pour ne pas devenir insupportable. En fait de pratiques religieuses, pour ne pas dégoûter ces jeunes gens de toutes, comme il arrive lorsqu'on leur en prescrit trop, les Scolopes se contentent de quelques-unes, d'abord de celles qui sont nécessaires et obligatoires, ensuite des plus solides. Enfin, sur ces matières comme sur les autres, ils ne reculent pas à suivre les suggestions des maîtres les plus sages, même non ecclésiastiques. Voir les divers programmes d'études des Collèges des Scolopes.

Les Scolopes croient que Gioberti n'entendait dire d'eux que cela ; ils attestent qu'ils acceptent volontiers les louanges qu'ils ont reçues de lui à ce sujet : et ils ne redoutent nullement que cet éloge fasse honneur à ceux que Gioberti attaque plus qu'à eux-mêmes.

P. SOLARI, *des Ecoles pies.*

Laissons là les thèses pédagogiques adverses. Il s'agit seulement de constater ici, une fois de plus, quelle fut de tout temps, réellement, sincèrement, ouvertement, le genre d'estime, de concorde et de gratitude qui régna entre les deux Ordres. Et, malgré la modération dont le P. Solari use encore, en dépit du tour indirect qu'il a su garder en rétorquant au P. Pellico les griefs les plus « assassins » à nouveau dirigés par la Compagnie contre les Scolopes, le lecteur pourra juger du moins de l'aplomb jésuitique, en entendant le P. Boero nous jurer, à l'heure même où se rallumaient, par la faute des Jésuites, ces luttes fratricides : « Il est faux qu'il y ait eu jamais ou qu'il existe encore une animosité quelconque entre les Ecoles pies et nous. »

APPENDICE IV

La bonne foi du P. Boero, S. J.

Sur la valeur des protestations de concorde et d'amour du P. Boero, il existe pour finir un document contemporain de premier ordre qu'on ne lira pas sans intérêt. C'est la protestation autorisée du P. Inghirami, Général des Ecoles pies, publiée le 29 juillet 1847 par la Gazette de Florence (1) :

« L'imprimerie J.-B. Marini et B. Morini vient d'éditer à Rome un opuscule : *Sentimenti e fatti del P. Silvestro Pietrasanta della Compagnia di Gesù in difesa di S. Giuseppe Calasanz e dell' Ordine delle Scuole Pie, compilati dalle Posizioni per la Canonizzazione del medesimo Santo, dal P. Giuseppe Boero, d. C. d. G.*

« L'auteur, avant de publier son travail, a fait interpeller, par l'intermédiaire de personnes respectables, le soussigné, Supérieur Général des Ecoles pies, pour savoir si celui-ci agréerait que l'ouvrage fût

(1) Cf. *Vita di Fra Lorenzo Ganganelli (Papa Clemente XIV)* Rome. Lausanne, 1847, Préface de V. Gioberti.

donné à l'impression. Le Général instruit du sujet et conjecturant d'après lui le dessein du livre, fit répondre par les mêmes personnes qui l'avaient sollicité, qu'il ne lui paraissait être ni opportun ni utile de ressusciter des souvenirs odieux — *memorie digustose* — ensevelis dans l'oubli depuis deux siècles entiers. (*Le P. Pietra-santa, S. J., est mort précisément le 6 mai 1647*). Car il apparaît assez, d'après le récit des principaux compi-lateurs de la vie de Saint Joseph Calasanz, que le P. Sylvestre Pietrasantra, durant son office de Visi-teur des Ecoles pies, fut le persécuteur de leur saint Fondateur et qu'il fit supprimer l'Ordre ; et, pour témoigner de la scrupuleuse véracité, de l'admirable modération et de la réserve de ces mêmes historiens, subsistent encore, outre les pièces des Procès compilés pour la béatification et la canorisation de Saint Joseph Calasanz, es lettres du Saint lui-même et une prodi-gieuse quantité de documents jusqu'à cette heure inédits, qui ont été reconnus et déclarés authentiques et véridiques par la Sacrée Congrégation des Rites, quand celle-ci eut à les utiliser pour la rédaction des-dits Procès. Or, les biographes du Saint ont usé, en parlant du P. Pietrasanta, de tant de délicatesse et de modération, qu'ils ne le désignent jamais que par le nom de sa charge, c'est-à-dire, le Visiteur, et qu'ils n'ont jamais dit à quel Ordre il appartenait. La publication du travail dont il s'agissait pouvait donc donner lieu entre la Compagnie de Jésus et les Ecoles pies, à une périlleuse et scandaleuse polémique, que toutes sortes de raisons conseillaient d'éviter.

« Nonobstant cette réponse, qui, transmise à un confrère du P. Boero, a dû passer sûrement sous ses yeux, le travail précédemment annoncé a paru ; et, simultanément, on affirme et on répand, et de vive voix et par lettres, soit de l'auteur, soit de cer-tains de ses confrères, que le Supérieur Général des Ecoles Pies en a vu le manuscrit, accompagné d'une lettre du P. Boero et qu'*il l'a rendu à Rome sans obser-vation et avec l'approbation la plus entière* ; alors que, dans une autre lettre rédigée par eux, en réponse aux

observations transmises par les personnes interposées
dans cette affaire au sujet de la publication de l'opuscule, ils répondent au contraire : « *Si les Scolopes ont
des documents contraires à la thèse du P. Boero, qu'ils
les publient.* »

« Cependant, de nombreux Scolopes, de diverses
provinces, et d'autres personnes, s'émerveillent aujourd'hui grandement de ce qu'un ouvrage, qui tend
à faire passer pour menteurs, calomniateurs, faussaires
et contrefacteurs de faits et de documents les meilleurs historiens de Saint Joseph Calasanz, ait obtenu
l'approbation du Supérieur Général d'une Congrégation aussi gravement offensée ; ils en ont fait et
en font encore à celui-ci de nombreux reproches.
C'est pourquoi, à la gloire de la vérité et pour sa nécessaire justification, le Supérieur Général des Ecoles
pies déclare publiquement que n'est pas vraie l'assertion du P. Joseph Boero, de la Compagnie de Jésus,
et de tous ceux qui auraient divulgué et divulgue-
raient encore la même fausseté. La vérité est qu'il
n'a jamais vu le manuscrit, ni reçu aucune lettre du
P. Joseph Boero ni d'autres Jésuites ; et que non seulement il n'a pas approuvé, mais qu'il a déconseillé,
pour toutes les raisons ci-dessus et d'autres encore,
la publication de l'opuscule annoncé. »

G. INGHIRAMI,
Vicaire général des Ecoles Pies.

*Quant à nous, nous avons préféré nous en
tenir aux données les plus sommaires de cette
histoire, sans pousser plus avant nos recherches
ni le détail de criminelles intrigues. Le nom et
l'autorité de Timon-David suffisaient à notre dessein, auprès de la plupart de nos lecteurs. Mais
la signature d'un Général des Ecoles pies achèvera, pensons-nous, de lever les derniers scrupules des critiques et des érudits : et, après tous*

ces témoignages, si quelque chercheur, d'un côté ou de l'autre des Alpes, est tenté de reprendre à son compté la question, il saura du moins où trouver les sources et tous les éléments de la vérité.

TABLE DES MATIÈRES

APPENDICE I

APPENDICE II

APPENDICE III

APPENDICE IV

AU

R. P ENRICO ROSA, S. J.

DIRECTEUR

DE LA CIVILTÀ CATTOLICA

Mon Révérend Père,

Nous avions entrepris de mettre au point le premier volume de l'Histoire intérieure de la Compagnie de Jésus, d'après votre ancien confrère, Don Miguel Mir, de l'Académie royale espagnole. Ouvrage austère, enrichi de documents de premier ordre, qui jette sur vos origines une lueur impartiale. Travail d'érudition et de critique; modèle de controverse appliquée et grave, auquel les Vôtres ne semblent guère avoir opposé jusqu'ici que des plagiats ou des injures.

Et voici qu'au plus fort de ce travail, nous parvient votre étonnant article de la Civiltà catto-

lica, en date du 4 mars 1922 : chef-d'œuvre d'un autre genre et d'un autre esprit, qui laisse bien loin derrière lui les quelques « réponses péremptoires » que nous ont déjà faites certains de vos confrères et dont nous nous proposions d'offrir un jour le régal à nos lecteurs.

Malgré le souci de votre « dignité religieuse », nonobstant l'ancien renom de modération et de tenue de l'illustre publication que vous dirigez, en dépit de la « sérénité » et même de l'allégresse que vous vous faites gloire d'opposer à toutes les contradictions, Votre Révérence condescend à stigmatiser longuement, dans ces pages, « l'abjecte campagne » par laquelle nous avons entrepris, paraît-il, de « divertir ignoblement les âmes vulgaires qui se plaisent à la médisance ». Et, sur le même ton, durant vingt pages, en un italien véhément qui brave toutes les honnêtetés, vous passez en revue tour à tour chacune de nos études ou rééditions de textes anciens.

Évidemment, tant de peine que vous avez prise, cette explosion de chagrin ou cet excès de zèle appellent une réponse. Toutefois, mon Révérend Père, vous aurez eu du moins le mérite d'avoir trouvé le meilleur moyen de nous mettre dans l'embarras.

⁂

Tout d'abord, est-ce à nous que ce discours s'adresse ? Oui, sans doute, puisqu'il s'agit de nos brochures.

Pourtant, à chaque page, c'est à d'autres que Votre Révérence en a sur notre dos. A qui ? Il n'est pas toujours facile de le deviner.

Votre Révérence a rêvé de noirs complots.

On voit passer, à travers ces effroyables songes, d'insensés capitalistes, qui gaspillent leurs trésors à d'autres œuvres qu'au « bien » de votre Compagnie, dernier rempart de leur coffre-fort, sinon contre le syndicalisme blanc, du moins contre le bolchévisme rouge ; il est même question d'un consortium de financiers italiens et français, qui prodigueraient l'or pour répandre à profusion nos brochures à travers le monde.

Votre Révérence s'en prend encore à un « ancien chef de modernistes », fondateur d'une « société secrète » rivale de la vôtre, qui aurait prêté les mains à ce « mystère d'iniquité ».

Vous incriminez enfin, mon Révérend Père, au moins comme manœuvre ou mercenaire, quelque « renégat », croirait-on, de votre Assistance de France, que vous balancez de vos aigres reproches à de sourdes avances, renforcées de risibles menaces.

Grand Dieu ! quels peuvent bien être tous ces gens-là ? Si vous les aviez nommés, mon Révérend Père, sans doute auraient-ils pu rassurer sur leur compte vos esprits alarmés. Nous aurions repris ensuite le débat entre nous. Mais la mêlée reste, en ces conditions, trop confuse, et nous-mêmes n'arrivons pas à démêler, dans cet imbroglio, votre erreur ou votre tactique.

Quoi donc ! mon Révérend Père, votre police, de nos jours, est-elle vraiment si mal faite ? Ou bien, n'avez-vous cherché qu'un prétexte à vider d'un coup deux ou trois querelles, contre tous les fantômes qui peuplent vos cauchemars ?

Au surplus, malgré ces personnalités déplacées,

nous eussions volontiers profité d'une discussion, même un peu verte, ne fût-ce que sur un détail du vaste débat historique engagé. On peut s'instruire sous les coups d'un adversaire. L'histoire de votre Compagnie foisonne, non seulement de fictions, mais de mensonges obscurs et de faux matériels, difficiles à redresser après tant d'années. Plusieurs fois, nous avons pu nous méprendre sur tel ou tel personnage, tel ou tel incident. Rien ne nous aurait moins surpris que de nous voir rabrouer sans ménagement, à propos d'une date, d'un fait ou d'un nom. C'est une mésaventure à laquelle de plus expérimentés historiens que nous seraient bien naïfs de ne pas se croire exposés ; et nous étions prêts à rectifier, sans mauvaise humeur, nos données les moins solidement établies, à nuancer au besoin davantage la thèse qu'elles nous avaient suggérée. Car notre œuvre est avant tout une œuvre de bonne foi ; tout en étant une œuvre de combat. Quel autre intérêt aurions-nous, en effet, à mener cette bataille, sinon celui de la justice et de la vérité ? Nous ne sommes ni infaillibles ni chatouilleux : la Compagnie a ses spécialistes qui, à tout bout de chapitre, pouvaient nous administrer au moins quelque mise au point facile et sévère, sinon d'une grande portée.

Malheureusement, Votre Révérence nous paraît assez loin de la réelle habileté de quelques-uns de nos bons Pères d'ici : un Dudon, un Dubruel et d'autres. Elle lit, sans doute, assez difficilement le français ; car, presque à chaque page, elle se méprend grossièrement jusque sur le sens de celles de nos paroles qu'elle rapporte textuellement. Elle polémique à côté ou cherche les corps à corps, au risque de ne saisir qu'une ombre. Mais pas un mot dans son article qui réfute ou éclaire ou même atteigne objectivement le moindre détail du gros procès en cours.

C'est un pur néant, ou pis encore, que cette violente diatribe.

Votre Révérence, par exemple, ne veut pas qu'on dise que « la grande figure de Louis XIV domine son siècle ». Pour elle, il y a là, sans doute, un accès ridicule autant qu'odieux de chauvinisme français, une preuve sans réplique de notre habileté à exploiter contre les Jésuites les passions nationales. Diantre! Comment poursuivre des éclaircissements délicats, si d'abord nous sommes en désaccord sur une pareille évidence : à savoir que le grand roi, même aux yeux des puissances étrangères, a tenu, au XVII° siècle, une certaine place dans l'histoire du monde? Toute discussion, en de pareilles conditions devient incommode.

Et l'on ne voit guère à quoi elle pourrait aboutir, si d'abord la francophobie est un dogme à l'égal de la transcendance de la Société du Nom de Jésus.

Je conviens enfin que la partie n'est pas égale entre nous, mon Père, sur le terrain de l'éloquence.

Vous connaissez notre avis sur la Compagnie de Jésus et sur la plupart de ses panégyristes. Nous l'avons exprimé parfois avec vivacité. Sans faire ostentation ni de « sérénité » à toute épreuve, ni d'indifférence aux coups, ni de longanimité à les recevoir ou à les parer, ni d'un injurieux « pardon » pour ceux qui nous les portent, nous croyons n'avoir pas souvent dépassé les bornes. d'une discussion assez sévère, passionnée même, si vous y tenez, mais suffisamment courtoise. S'il nous est échappé quelques qualifications plus rudes, nous avons fourni ou sommes prêts à fournir le document qui les justifie, à nos yeux du moins, en toute sincérité.

Votre Révérence, au contraire, nous accable d'abord, sans nous connaître, des trouvailles, assez vulgaires mais inépuisables, d'un véritable talent de l'invective.

« Libelle abject, malheureux libelliste, pamphlétaire à gages, hypocrite masqué, loup enragé sous une peau de brebis, faux catholique, arien, janséniste, impie, diffamateur, calomniateur infâme, déserteur, âme aigrie, fiel, mauvaise foi, crasse ignorance, balourdise, blasphème, aveuglement passionné, brutalités anticléricales, bassesse, etc., etc., etc... » : il n'en faut pas moins à Votre Révérence pour soulager son indignation. C'est beaucoup, c'est même trop. D'autant que l'aimable laisser-aller de la prose italienne vous permet de ressasser vingt fois ces paroles désobligeantes, et qu'une pure traduction littérale risquerait de vous classer, en français, vous le directeur religieux d'une grande revue romaine, au-dessous du plus débraillé journaliste de notre petite presse. C'est assez peu glorieux pour votre Compagnie.

Lisez, mon Révérend Père, et relisez, je vous prie, la « Note » que la rédaction des Etudes a bien voulu nous consacrer, presque à la même heure que vous, sur un thème certainement concerté. Elle n'est pas moins roide que votre prolixe imprécation ; elle veut être, en son genre, pour le moins aussi insolente à notre égard. Il convient pourtant d'en admirer, par comparaison, l'air pincé d'innocence, la concision et l'espèce de dignité: car elle sait du moins être courte et éviter les gros mots. Ainsi, mon Révérend Père, est-il encore de bon ton de feindre de ne se point commettre, lorsqu'il faudrait s'avouer quinaud. Mais que pensez-vous avoir gagné à vous tant répandre sans produire une bonne raison et à nous faire cette scène de comédie ?

Vous nous reprochez, assez mal à propos, d'avoir voulu flatter nos universitaires. C'est un grief qu'encourent bien davantage tel et tel de vos confrères parisiens, de plus en plus friands des diplômes officiels. Mais enfin que voulez-vous que pensent de votre bonne éducation, de votre esprit religieux et même des « règles de la modestie » que vous a tracées Saint Ignace, certains maîtres de notre vieille Sorbonne, peu croyants sans doute, anticléricaux, si vous voulez, mais érudits consciencieux, héritiers jaloux d'une tradition invétérée de politesse, si jamais nous leur donnons à lire ces litanies à rebours ? Certainement, à leurs Congrès ou dans leurs Revues, si l'un des disciples qui se réclament de leurs méthodes n'apportait un jour, même sur le plus brûlant sujet, en guise de riposte au plus méprisable contradicteur, qu'un pavé de ce poids, ces amateurs de précision historique et de bon langage lui demanderaient d'avaler bien vite sa langue ou de remporter son manuscrit.

Et si vous incriminez, même en cela, mon Révérend Père, le mauvais esprit de ceux que vous appelez nos « sorbonnicistes », essayez, pour tirer ce débat au clair, de faire passer votre copie ailleurs que chez vous, où vous êtes le maître d'invectiver à tue-tête et de cracher à terre. Demandez à la Croix, ou même à vos bouillants confrères de l'Interdiocésaine, de reproduire tels quels, sans les policer un peu, vos alinéas débridés.

C'est que ces choses-là, mon Révérend Père, ne se font pas encore chez nous, en dehors d'un certain monde dont vous avez tort de vous mettre en feignant de nous en croire. Votre Révérence ne craint pas, entre autres honnêtetés, de parler de « langage de voyou — anche del linguaggio da becero » et d' « esprit immonde qui se complaît dans la fange — Cosi il libellista ci si spatula come l'animo ignobile nel fango ». Dans ces conditions, nous vous rendons les armes. Le public jugera qui de nous mérite encore l'audience de la bonne compagnie.

Pourtant, s'il faut à tout prix nous défendre contre une agression si peu mesurée, veuillez agréer pour toute riposte, mon Révérend Père, la dédicace de ces quelques notes sur un Saint odieusement traité par les Vôtres. Nous laissions dormir ces feuillets au fond d'un tiroir, comme moins susceptibles de hausser et d'élargir, au point où nous en sommes, notre controverse. Mais puisque, délaissant le premier les hauteurs, vous nous rappelez dans la plaine, consentez à ce que nous y évoquions, sans consentir au pugilat, du moins le souvenir de cette bagarre ancienne.

Comme vous et les Vôtres avez peu changé, mon Révérend Père, depuis qu'il y a sur terre des Jésuites, et qui parlent, écrivent ou intriguent contre leur prochain ! Qu'à vous donc soit dédiée cette image toujours actuelle de votre incorrigible pétulance !

C'est un épisode qui n'a rien de national, et vous ne sauriez nous reprocher cette fois de l'avoir choisi « da buon francese », pour ameuter contre vous les passions gauloises.

Nous ne sommes, certes, ni l'admirable Cala-sanz, ni non plus le mécréant que vous voudriez donner à croire ; vous-même n'avez tout à fait ni, je l'espère, l'acharnement au mal de votre Père Pietrasanta, ni, je le crains, le talent de votre Père Cordara. Les uns comme les autres, nous avons pourtant à gagner à cette vieille leçon.

Et si vous la trouvez dure, si quelques-uns sont tentés de la juger inopportune, c'est à vous qu'il faudra s'en prendre. Car, entre votre article et cette nouvelle brochure que vous avez provoquée, de quel côté, mon Révérend Père, en en appelant, sinon au meilleur, du moins au plus habile de vous-même, trouverez-vous la juste retenue, le respect de soi-même et du lecteur, la dignité de la controverse ? Nous prenons pour arbitre, non pas le R. P. Rosa, polémiste ab irato et peu reluisant auteur de Cenni storici sur sa Compagnie, mais le R. P. Rosa, successeur, sinon héritier, du R. P. Chiaudano, que jadis nous aimâmes et qui nous le rendit. Jugez-en par vous-même, non d'après votre parti pris, mais en faisant appel à ce qui peut vous rester de cons-cience professionnelle, au point de vue de la simple décence et de la « civiltà », même la moins spécifiquement catholique.

Pour tout dire, nous aurions voulu, autant que vous, mon Révérend Père, pouvoir signer cet hum-

ble hommage d'un nom qui vous soit, sinon plus connu, du moins plus facile à mettre sur un visage familier. Excusez-nous de rester, pour vous et pour les Vôtres, le « pseudonyme » qui vous met si fort en peine.

Lorsque nous avons entrepris, non pas cette « campagne », mais cette série de recherches et d'études à travers votre passé, nous avons délibérément choisi de rester à jamais pour vous des inconnus. Sans connaître encore la Compagnie autant que ces rapides excursions au cœur de votre histoire nous ont appris à le faire, nous savions déjà, — et pour cause ! — tout ce dont vous étiez capables à l'égard du moindre dissident, aussitôt traité par vous en criminel de lèse-majesté. Or, sans que nous soyons le Révérendissime Père Rosa, dont nous ignorons les titres de noblesse dans le monde ou les titres d'honneur au sein de sa curie généralice, vous nous excuserez, s'il vous plaît, de tenir de nos père et mère un nom sans aucun éclat, ni dans l'Eglise, ni dans les Lettres, ni dans la société, mais honorable et sans éclaboussure. Nous avons à cœur de le préserver de vos aménités et de ne pas exposer avec nous une famille de braves gens, des cœurs pieux, aux atteintes d'une verve libérée par votre Père Lamy des plus élémentaires scrupules à l'égard de quiconque n'aime pas assez votre Compagnie. Vos méprises elles-mêmes montrent trop que vous n'épargnez rien ni personne, au premier soupçon comme à la moindre alerte.

Du moins, le nom que nous avons pris, non sans motif, vous tient-il à demi en respect. Vous n'accolez encore que d'assez loin à ce « pseudonyme » vos épithètes les plus hautes en couleur; mais vraiment l'on se demande avec un peu d'ef-

froi de quelle encre vous auriez noirci un patro-
nymique moins sacré pour vous.

Veuillez donc, mon Révérend Père, agréer
l'expression sincère des sentiments que vous doit,
malgré tout, le « voyou » que vous avez osé dire
et l' « esprit immonde » qui n'en reste pas moins

R^æ V^æ servus et frater in X^o

I. DE RÉCALDE.

Imp. Bourse de Commerce, 35, rue J.-J.-Rousseau, Paris.

www.ingramcontent.com/pod-product-compliance
Ingram Content Group UK Ltd.
Pitfield, Milton Keynes, MK11 3LW, UK
UKHW022022170726
13837UKWH00001B/351